El camino hacia la recuperación
de anorexia nervosa y bulimia

El camino hacia la recuperación de anorexia nervosa y bulimia

El laberinto y más allá

ANDREA WEITZNER

EDITORIAL
PAX MÉXICO

COORDINACIÓN EDITORIAL: Matilde Schoenfeld

CONCEPTO CREATIVO PARA LAS ILUSTRACIONES: Andrea Weitzner

ILUSTRACIONES: Sergio Sáenz Canales y Sergio Sáenz del Castillo, "Chekoz"

FOTOGRAFÍA DE LA AUTORA: Foto estudio León Rafael, San Ángel, México

© 2007 Editorial Pax México, Librería Carlos Cesarman, S.A.
     Av. Cuauhtémoc 1430
     Col. Santa Cruz Atoyac
     México, D.F. 03310
     Tel: 5605-7677
     Fax: 5605-7600
     editorialpax@editorialpax.com
     www.editorialpax.com

Primera edición
ISBN 978-968-860-866 -1
Reservados todos los derechos
Impreso en México / Printed in Mexico

APR   2009

Índice

Agradecimientos

A mi madre
por introducirme al universo de las artes,
abriendo en mí un mundo de inagotables riquezas.

A mi padre
por enseñarme que perseverancia y constancia
no son valores de una era extinguida,
sino cimientos sobre los cuales edificar mi vida.

A Erika
por acompañarme a lo largo de duras vivencias
forjando un vínculo indisoluble.

A Pablo
por ayudarme a comprender que detrás del muro
sólo existe el amor y el perdón absoluto,
y por el impulso moral para
la realización de esta obra.

A todos mis hermanos, amigos y compañeros viajeros,
en especial a Carlos García Belina, Bill Mitchell,
Gregg Akin, Barbara Springer y a la familia Stuker
por el apoyo clave en momentos determinantes.

Y con profunda gratitud
al Dr. Martín Villanueva Reinbeck,
por ayudarme a rescatar los tesoros perdidos,
y por hacer de la aplicación del credo psiquiátrico
humanístico un rayo de luz y esperanza
en el sendero de la psicología.

Dedicatoria

Con admiración...

A todo aquello que hace de la adversidad un maestro
y del infortunio un peldaño de conciencia.

Con esperanza...

A las mujeres, hombres, niños y niñas
que se durmieron y adoptaron la falsa creencia
de que la grandiosidad del ser
tiene talla, peso y condición.

Con agradecimiento...

A "D" por lo invaluable de su testimonio.

Nota importante de la autora

Dado que los medios masivos apodaron a la anorexia "Ana" y a la bulimia "Mía", en éste libro se hace uso de esta terminología, con la finalidad de exponer la cara real detrás de estos personajes con los que la prensa de chisme jugoso *glamuriza* irresponsablemente el problema. Es importante que se comprenda que son sólo personajes creados para ilustrar un concepto.

A ti que leerás este libro...

Si crees que el siguiente escrito te puede ayudar, tienes razón. Si crees que el siguiente escrito no te puede ayudar, también la tienes.

Esta es la médula: lo que *tú* creas que *es* o que *no es* posible.

El primer paso hacia tu recuperación es aceptar que tienes un problema. Suena como algo elemental, pero quizá hasta este punto tú *no* estés convencido de que tienes un problema, y un problema grave; uno que, cuando menos te los esperes, se te saldrá de las manos y se apoderará por completo de tu vida.

No sabrás ni cómo ni cuándo pasó.

Siendo una veterana en la afición anoréxica y bulímica, dados mis nueve años de práctica intensa, te digo con pleno conocimiento de causa que lo que estás haciendo es un suicidio. En abonos, pero un suicidio. Mientras no tengas plena conciencia de esto, te seguirás mintiendo, justificando y solapando; seguirás haciendo de la mentira una obra de arte y del delirio de perfección la más distorsionada de tus verdades.

Despierta.

El camino de la anorexia y la bulimia está lleno de amargura, frustración, soledad, angustia y depresión. Es dar vueltas y vueltas en un cruel laberinto... Pero si estás leyendo es porque tienes en tus manos un boleto de salida.

De ti depende, de nadie más.

Yo sé que puedes lograrlo. Mi certeza y tu voluntad pueden hacer milagros.

¡Ánimo!

Nunca pensé que me pasaría a mí...

¿Cómo llega un ser humano a *no* querer su vida? ¿Cómo llega al punto del cual ya no hay regreso? ¿Cómo llega al callado deseo de muerte consumiéndose a la vez en culpa por sentirse reprobado en el examen de la vida? Si alguien me hubiera dicho que ésta sería yo a los 21 años, jamás lo hubiera creído. Sin embargo, así fue. En medio del mar de anorexia y bulimia en el que me ahogaba nunca supe cómo, ni en que momento, pasó. Pero cuando abrí los ojos mi vida era la antítesis de lo que yo hubiera soñado.

Esta intensa caída y su abrumador despertar fue como vivir un cuento de horror; fue abrir los ojos y ver que nueve años de mi vida se habían ido en el sueño hipnótico más largo y la inconciencia más profunda; ver que en ese tiempo sólo dejé una ola de relaciones truncadas, sueños rotos y corazones partidos. Lo más angustiante era que mi propia muerte parecía la única salida al laberinto infernal en el que me había metido.

En mi desesperación trataba de recordar cómo había sucedido todo, y odié, con cada fibra de mi ser, aquella fatídica tarde de marzo, nueve años atrás, en donde por primera vez me había provocado el vómito...

Vivía en ese entonces como interna en la mejor escuela de gimnasia olímpica en Estados Unidos. Mis compañeras de cuarto y yo compartíamos el sueño de Nadia, y para lograrlo, habríamos pagado cualquier precio. Seguíamos las dietas más estrictas y descabelladas; en ocasiones, cuando el hambre desaforada nos ganaba, comíamos algo dentro de la lista denominada "alimentos prohibidos", seguido por una pelea –en ocasiones violenta– por quién usaría el baño primero; vaciarnos el estómago y deshacernos de las calorías tan temidas por medio de severas purgas se convirtió para nosotras en una cuestión de vida o muerte... En nuestra búsqueda de gloria olímpica seis de ocho internas nos compramos un boleto al infierno.

Al caer las noches, después de entrenamientos exhaustivos, platicábamos en susurros acerca de la comida, y de todo aquello que comeríamos algún día. Después las charlas cambiaban a la suma, multiplicación, división y obsesión total de la cuenta de calorías. "Si una pera son 120 calorías, eso equivale a...", pensaba una en voz alta; "por una pera chica sin vómito son 150 abdominales y siete veces la escalera"; "con vómito la mitad para que estés segura", brincaba otra rápidamente con la respuesta. "¡Las peras fueron el tema de la semana pasada!", gritaba enfadada la más educada en el tema, "hay que poner atención y no repetir; por cierto, ¿alguien ya sabe exactamente la infracción por una mandarina mediana?"

Lloraba en mi almohada mientras mi estomago rugía. En silencio alimentaba la fantasía de que, al dejar atrás ese país y ese deporte al que un día amé profundamente, mi pesadilla también terminaría, sin imaginar siquiera que ésta apenas comenzaba.

Hacia el final de mi estancia en el internado mi estado de angustia interior era ya incontenible. Mi sueño olímpico era ahora una prisión, y mi anorexia –transformada en bulimia– una fiel acompañante de celda. Poco después de terminar el año escolar, decidí prácticamente huir de regreso a México. Fue muy duro dejar a mis amigas atrás; después de todo, a lo largo de los años, amistades se transformaron en hermandades; sin embargo, poco a poco, una por una comenzábamos a caer como moscas abatidas; ese vínculo y unión por un sueño que nos mantenía juntas, ahora parecía desmoronarse ante nuestros ojos.

Confirmé mis más profundos temores al ver que entre mi ropa, libros y medallas, también había empacado mi enfermedad. Llegar a México para enfrentar el divorcio de mis padres y la reinstalación en una cultura que había dejado atrás siendo una niña y a la que había regresado como adolescente, sólo logró que los pasos de caída se aceleraran de forma incontrolable. Encima de todo, ahora tenía *la tarea* de mantenerlo en secreto. El manejo del secreto, desde cómo contarme la historia para seguir adelante, hasta cómo ocultar las evidencias, investigar las horas correctas para usar el baño, el planeamiento de la agenda alrededor de esa hora... todo este conjunto de obsesiones no era parte de mi vida, era *ya* mi vida.

Nunca supe cómo di el paso de un punto a otro.

Uno de los momentos más negros, amargos y devastadores que viví durante mi estancia en el laberinto fue recibir la noticia de que una de mis amigas más cercanas del internado había muerto a causa de un paro cardiaco, consecuencia directa de una anorexia avanzada. No encontraba forma alguna de calmar el dolor, la culpa, la confusión, el vacío, la desesperación. Dos días después, deambulando por las calles, pasé por un café y me metí en él para intentar ordenar mis ideas. Para mi sorpresa había parado en un café/librería esotérica en donde la lectura de cartas era la atracción principal. "Ay", pensé, "qué golpe de suerte. Quizá algo bueno me deparen las estrellas". Pedí a la encargada una lectura de Tarot, y segundos después apareció quien (yo esperaba) me diría que pronto todo en mi vida mejoraría. Me senté a escuchar. Barajé las cartas. Corté y las puse sobre la mesa. El psíquico sacó una carta y se detuvo. "Vuelva a barajar," me dijo un poco aturdido, "quizá no se hayan cargado bien las cartas". Hice como él me dijo. Tomó la baraja y partió. Sacó una carta y se detuvo. Respiró profundo... sacó unas cuantas más y volvió a detenerse. Bajó la mirada y después, me dijo: "No le puedo sacar la suerte. Lo siento". Me quedé callada unos segundos. "Espere", le dije, "yo quiero saber que hay en mi futuro". El hombre se me quedó mirando un par de segundos que parecieron durar una eternidad. Finalmente me dijo con voz suave pero firme: "es que no veo futuro en usted".

El shock intenso de sus palabras me llevó de inmediato al reconfortante bloqueo. Salí del café decidida a ignorar el suceso. "Charlatanes baratos", me repetía a mí misma en el coche. "Seguramente es un principiante", y con esas palabras me dirigí al super para llenar mis huecos, aquietar mi dolor y después a la farmacia más cercana para surtirme de mis fieles acompañantes: laxantes, diuréticos y anfetaminas...

No sé qué fue lo que el hombre vio en las cartas, pero cuatro días después desperté en el hospital a causa de una sobredosis de pastillas y complicación renal. Tumbada en la cama contemplando el techo de la fría sala de hospital, las palabras "no veo futuro en usted" revoloteaban en mi cabeza como moscas. Una semana después de salir del hospital, tuve un accidente automovilístico que me dejó con ambas piernas fracturadas. Las palabras "no veo futuro en usted" me fueron ya imposibles de ignorar, sentada en mi silla de ruedas, contemplando el par de ladrillos que tenía por pies. Había pisado fondo. Hasta un psíquico "charlatán y principiante" lo había visto.

Estaba tentando a la muerte; los daños físicos irreversibles podían aparecer en cualquier momento; sin embargo, esto ya no parecía importarme con tal de salir de ese mar macabro en el que lenta pero inexorablemente me ahogaba; deseaba desesperadamente acabar con el conjunto de obsesiones enmarañadas a las cuales llamaba "mi vida".

Tenía que terminar. De alguna forma tenía que hacerlo. Eso, me quedaba claro, no era vida. ¿Tenía las suficientes "agallas" para quitármela? ¿O seguiría jugando ruleta rusa hasta atinarle a mi número?

¿Cuál sería la solución? ¿Cuál llegaría primero?

Pasaba horas cuestionándome por qué me había sucedido esto a mí, pero nunca encontraba respuestas satisfactorias a lo que yo consideraba una muy dolorosa y desafortunada experiencia. Sí, me había salvado de los últimos incidentes, y aparentemente sin consecuencias irreversibles, pero ¿para qué? Mi cuerpo seguía en pie, pero estaba muy lejos de estar viva y a años luz de tener la conciencia despierta.

Un día amanecí con una vaga claridad al respecto. Me estaba haciendo la pregunta incorrecta. Esta reflexión fue producto de un sueño en donde mi amiga fallecida me decía justo eso: "No es *por qué*, es *para qué*". Al poco tiempo, por "coincidencias" de la vida, el libro *El hombre en busca del sentido* llegó a mis manos. Entre los muchos tesoros que ahí encontré fue precisamente el significado profundo –el *para qué*– del sufrimiento. Finalmente, si alguien había sido capaz de encontrarle significado a la posibilidad de morir en una cámara de gas en Auschwitz, quería decir que la trascendencia de un tremendo infortunio era posible. El sufrimiento tenía un sentido y, de momento, todo para mí lo tuvo. Fue un despertar existencial. Eso, viéndolo ahora a tantos años de distancia, fue claramente lo que salvó mi vida, y de un segundo a otro le dio, a lo que yo consideraba el más cruel de los absurdos personificados, un significado lleno de sentido.

Fue el punto de quiebra que me abrió a la luz. Todo aquel que haya tocado fondo y despertado, concordará conmigo en que es un sentimiento sublime indescriptible. Un concepto ya no es un concepto, se transforma en una vivencia, abriendo así un nivel más profundo de conciencia hacia el entendimiento del misterio del ser y la vida misma. Has sido tocado por la iluminación de otro y encontrado la luz en ti.

Aquí inició mi viaje interior. Había decidido vivir y, de alguna manera, trataría de hacerlo de forma digna. A los pocos meses, una vez más "por casualidad", debido a un tropezón en la cafetería de mi universidad, conocí al que se convirtió en mi terapeuta, con el cual di los pasos iniciales más importantes. Él me ayudó a rescatar los tesoros perdidos a lo largo de años de abuso hasta llegar a la aceptación plena y comprensión absoluta de que mi conducta destructiva, manifestada en un desorden alimenticio, se debía, en última instancia, a un profundo vacío existencial y a una falta total de sentido; entender al fin que para llegar a trascender es necesario encarar valerosamente el despertar existencial, llegando cada vez a niveles más profundos de conciencia y realización, despertando así a la más grande de las nociones: la interrelación innegable y el orden invisible de todas las cosas.

En los pasos de salida del laberinto, y en mi búsqueda por encontrarle el sentido a esa vivencia, desperté a la naturaleza de mi verdadero Ser. ¿Fue entonces infortunio o bendición?

Como todo lo que trataremos en este libro, no es ni una ni la otra de forma predeterminada, es la que el experimentador decida que sea.

Despertar a la vida es dar la bienvenida a la responsabilidad que lleva a la libertad inalienable de elegir —en todo momento y en cada instancia—, el destino de sí mismo y su conciencia del ser en el mundo, o la negación de ella.

Corres tras el sueño inalcanzable...

Decidiste ir tras una serie de falsos ideales, y en algún punto del camino te perdiste a ti mismo.

Compraste el boleto a la ilusión y delirio del perfeccionismo. Vives en, por y para el mundo de la apariencia. Compraste el boleto de que la felicidad tiene talla.

Tras todos los boletos que compraste, no existe nada de lo que buscas; pero tú sigues y sigues buscando... Te aferras. Corres tras esa talla, y mientras más luchas por alcanzarla, más angustia acumulas, e irónicamente, más te alejas de tu meta. O quizá la encontraste, pero en ella también encontraste la desilusión de que la felicidad no estaba ahí, y seguiste...

No sé cual sea la talla en la que quieres obligar a tu cuerpo a entrar, pero lo que sí te garantizo es que en algún punto tu angustia mental ya no cabrá en ningún lado.

> Lo que persigues no existe. Por querer convertirte en lo que nunca serás, cierras la única puerta real: la de tu realización personal.

Detente. Permíteme ahorrarte valiosa energía.

¿Sabes lo que es tu realización personal? ¿Crees realmente que ésta se encuentra en la portada de las revistas que compras? ¿Crees que aquello que consideras éxito, realmente lo es?

Sabes la respuesta. Pero qué alivio distraerse para no dar respuesta a las preguntas tan antiguas como el hombre mismo: ¿Qué sentido tiene mi vida? ¿Qué estoy haciendo aquí? ¿Cuál es mi camino? ¿Qué, cómo y por dónde empiezo a elegir?

Puedes engañar a todos, pero tú y yo bien sabemos que no eres feliz...

Aparentar y pretender serlo está drenándote hasta la última gota que te queda de vida. No sabes si vas o vienes o por qué vas haciéndolo tan rápido.

¿En qué parte del laberinto vas?

No sé en qué punto estés, lo que *sí* te garantizo es que no sabrás ni cómo, ni cuándo quedaste atrapada. Abre los ojos: caminas dentro del laberinto de la adicción.

¿Crees estar de paso en una opción aparentemente inofensiva y beneficiosa? ¿Sólo te matarás de hambre y luego te atracarás y purgarás hasta que entres en ese vestido *tan* especial, para ese acontecimiento *tan* especial? Y luego, ¿todo volverá a la normalidad?

O ya caminas en círculos en el ciclo habitual, sintiendo que matas varios pájaros de un tiro y todo cuanto has leído acerca del tema es exageración que nunca te pasará. **O quizá ya estás dando angustiante vuelta tras vuelta, pero por más que buscas la salida sólo logras regresar al punto de partida.**

Las buenas noticias...

Esto es un infierno de tu propia invención. Cuando asumas tu responsabilidad por su creación, crearás el camino de salida. Esto te lo repetiré a lo largo del libro: **sí** se puede; depende de ti.

El experimentador es el creador;el creador, el experimentador...

Ese es el último punto que al que llegaremos a lo largo del libro. Tú estás creando esta realidad por algo; atendiendo un libreto que escribiste en algún punto del camino; un acuerdo que firmaste en la inconciencia de tu ser.

Comprenderás en dónde estás parada... y por qué haces lo que haces...

La anorexia y la bulimia son, en resumidas palabras, un cruel laberinto psíquico, al que se cae imperceptiblemente, por decisiones propias –inconscientes– dada una serie de factores que predisponen, mas no determinan. El único factor determinante es el sistema de creencias adoptado; lo que tú creas que es o que no es posible. Las cosas no tienen otro significado que el que tú elijas darle.

Ultimadamente, habrá sucesos que no puedas cambiar, pero puedes ejercer la libertad de cambiar tu actitud frente a ellos –punto medular en el proceso no sólo de recuperación, sino del caminar por la vida; es adoptar una postura digna y consciente, frente a cualquier circunstancia y en todo momento, para lograr trascender una adversidad y transformarla en un triunfo personal. Le darás sentido a una experiencia que de lo contrario habrá perdido su inmensa valía.

Entender las causas, fases y procesos de esta enfermedad es un enigma complejo, mucho más si se ve desde afuera. Es por ello que abro contigo mi experiencia, desde adentro, desde afuera, y a muchos años de distancia del laberinto, para que te veas reflejada en mi vivencia, en la

> Cambiarás tu sistema de creencias y tu forma de relacionarte con la comida; comprenderás cómo desmoronar los sentimientos que te llevan a caer y lograrás trascender la adversidad para transformarla en un triunfo personal.

esperanza y confianza de que tú no tengas que tocar los fondos en los que yo caí.

Harás prácticas que te servirán para interiorizar el conocimiento y traducirlo en experiencia... Empezarás una nueva vida...

El valor de este escrito es la aplicabilidad de la teoría en la vida diaria. Los ejercicios para salir cambiarán tu sistema de creencias y asociaciones con la comida, comprenderás cómo desmoronar los sentimientos que te llevan a incidir, hasta que logres erradicar completamente el ciclo de tu vida. Los pasos que aplicarás yo los apliqué, por eso sé que funcionan. Te repito: sí se puede. Tienes en tus manos un boleto de salida. Hoy puedes empezar una nueva vida.

Si estás leyendo por tratarse de ti, te felicito por tener el valor de encarar tu problema; si estás leyendo por temor a que un ser querido esté en peligro, espero que el presente te ayude a entender el fenómeno y te dé las bases para confrontarlo.

Sin conocerte, siento que te conozco,
por ello me permito hablarte tan directamente
y de manera tan personal.
La causa por la que mis palabras
llegan a ti no importa,
lo que importa es lo que tú hagas con ellas.

Te deseo que tu sendero hacia la recuperación
y tu vida entera estén llenos de luz.

Para el uso óptimo del libro

El libro está dividido en tres partes. En la primera parte, del punto 1 al 8, analizaremos desde las bases de la enfermedad hasta *por qué estás haciendo lo que haces*. A partir del 9 expongo teorías que van más allá de lo establecido, hacia la realidad del Nuevo Pensamiento, ofreciendo una visión del ser humano fuera de todo marco tradicional.

Como utilizaremos varios conceptos de las antiguas escuelas psicológicas y de los más recientes estudios científicos, es vital que comprendas lo que significan, pues presentan una teoría importante. Cada vez que encuentres este símbolo *, quiere decir que tal palabra aparece explicada en el **glosario**. Por favor, lee la definición antes de continuar, pues corres el riesgo de no entender la idea.

La segunda parte es práctica. Esta sección es fundamental para lograr tu ascenso de regreso a la salud. Haremos ejercicios de perdón; trabajaremos en la sustitución de los patrones de pensamiento que te llevan a caer, te daré *tips* para encontrar el/la terapeuta correcta: básicamente, trazaremos tu ruta de salida del laberinto.

En la tercera parte encontrarás información vital para tu balance neurológico en donde, analizaremos puntos clave como la importancia del triptófano. Encontrarás consejos acerca de los alimentos que debes evitar –sobre todo si estás en primera fase de recuperación. Trataremos el tema salud bajo un enfoque holístico. Doy una breve introducción acerca de la función e importancia de los siete principales centros de energía –chakras– y de cómo su balance o desbalance afecta a órganos particulares del cuerpo e influye en comportamientos psicológicos. Si tienes sed por lo místico, las culturas orientales y el conocimiento por medio de los sentidos, encontrarás sabiduría y diversión en esta forma de crecimiento.

Y finalmente, en "Armando tu paquete de recuperación", te presento varias opciones y alternativas para manejar tu tiempo libre, las riesgosas antesalas a las situaciones de caída. Te invito al universo vibrante de la musicoterapia, al estabilizador arte del yoga, a la liberación en la meditación, en la esperanza de que regreses al camino que fluye con el orden Divino de redención. Iniciemos nuestro recorrido juntas... pero antes de ello, una última recomendación:

Si un concepto carece de experiencia, no es una vivencia; por lo tanto es inútil para tu aplicación práctica. Haz de este escrito tu vivencia. Conforme vayas leyendo, haz pausa, medita e interioriza lo que te estoy diciendo... De nada te servirá estudiar las sincronicidades* de Jung si no cierras el libro y te detienes a observar el fenómeno en tu vida.

De esta vamos a salir… sé que eres impaciente por naturaleza, así que, ¡hagámoslo lo más rápido posible!

A partir de este momento, tu salud y realización plena son tu proyecto más importante.

¡Suerte!

PRIMERA PARTE:
LOS HECHOS Y MÁS ALLÁ

El cáncer social

Nuestra sociedad esta seriamente enferma.

Glorificamos lo superfluo a expensas de nuestra salud, tanto física como mental. Una de las frases más utilizadas en nuestra era *light*, obsesionada con la delgadez, es "lo que daría por ser 'X' talla y pesar 'Y' kilos". ¿Cuántas veces al día lo escuchamos por las calles? Más aún: ¿cuántas veces al día te lo dices a ti misma?

...Comienzas el aberrado juego del perfeccionismo

Dado que existimos en el plano físico, todos tenemos que ser conscientes de nuestro cuerpo. Pero, ¿cuál es el punto en donde una sana y genuina atención al físico termina y dónde una obsesión comienza? ¿Cuál es el

En la búsqueda por convertirte en lo que nunca serás, te vuelves la cliente modelo de las industrias que ofrecen sus servicios para "ayudarte" a ser eso que tú crees que te hará feliz.

punto de balance? ¿Cómo identificar si ya se cruzó la raya?
Un parámetro elemental es la cantidad de tiempo que se
va en pensar acerca de la apariencia; o en la fantasía de "si
pudiera quitarme este capita de grasa aquí, entonces..." O
bien, la atención continua que recibe una parte específica
del cuerpo, una, la cual si pudieras cambiar, todo en tu
vida estaría mejor.

*Si tu bienestar depende de una talla específica,
si tus fantasías se desenvuelven alrededor de
"la figura perfecta", y de lo perfecta que sería tu
vida si la tuvieras, tienes un problema.*

Uno que, desafortunadamente, se vuelve cada día más
común.

Es vital percatarse de que éste ya no es un fenómeno
aplicable exclusivamente a modelos, deportistas de alto
rendimiento o a la población de clase social media-alta, en
un 80% de sexo femenino. Se está volviendo un fenómeno
expansivo y generalizado, y dado el manejo y alcance de
los medios masivos se convierte en una epidemia. La edad
tan joven en la que el problema hace ya su aparición es
verdaderamente alarmante.

Debido a que esta ola denominada *desórdenes alimenticios* es producto de la sociedad contemporánea, la medicina aún sigue "en pañales", descubriendo y tratando
de aliviar las vertientes y ramificaciones de la enfermedad
conforme éstas van mostrando sus nuevas caras. La verdad
es que en el tratamiento integral de dicho fenómeno aún
quedan muchas incógnitas por resolverse.

Los seguros médicos se cansan de adaptar y readaptar
su definición para cubrir a una serie de pacientes que
comienzan a dejar de ser interesantes prospectos de nego-
cios para esa industria desde sus 9 años de edad. Sería de

hecho imposible determinar con exactitud cuál es la cifra de personas afectadas, pues encima de la confusión que existe acerca de quién califica oficialmente como enfermo y quién no, el infierno de los desórdenes alimenticios es conocido como uno de los "secretos mejor guardados, la enfermedad de clóset".

Las campañas publicitarias actuales no están sacando la enfermedad del clóset; sólo están sacando la careta de lo que la enfermedad no es. La realidad –la cruda realidad– de esta enfermedad no es como la pintan los medios. Nueve de cada diez personas han hecho una dieta en algún punto de sus vidas. De esas nueve, cinco han empleado métodos no del todo sanos para lograr sus metas. De esas cinco, cuatro se enganchan en patrones mentales obsesivos hasta caer en algún tipo de desorden alimenticio, y de esas cuatro por lo menos una muere por este motivo.

> Quizá tú o alguien cercano a ti esté literalmente muriendo por ser delgado frente a sus ojos y no se haya dado cuenta aún.

"Ana" y "Mía" son tus peores enemigas

El año pasado, durante una visita fuera del país, escuché parte de una conversación entre dos chicas cuya delgadez extrema hacía parecer bien nutrido a un prisionero de guerra.

Ellas, seguras de que atraían la atención y admiración de cuantos las miraban comentaban:

"Vaya, hasta que a la Ritchie se le ocurrió hacer algo acerca de su figura. De gorda fea a flaca sexy. Mi héroe. Totalmente *Ana*".

"No", le dijo la otra, "antes de ser *Ana*, creo que fue *Mía*".

"Bueno," continuó la que llevaba la batuta de la plática, "como la quieras poner, ya es totalmente *Ana*". Salí de la tienda. El incidente me perturbó. Me senté en la fuente. Justo frente a mí estaba un puesto de revistas con toda la amplia gama de periódicos de "chisme jugoso". En la portada aparecía Nicole Ritchie tapándose de la cámara. El subtitulado decía: "Nicole defendiéndose de Ana..." y empezaba el relato de la pérdida del pelo, los kilos y el novio. Entonces me cayó el veinte. "Ana" era ahora el "apodo" de la anorexia y por deducción lógica entendí que "Mía" era el de la bulimia.

Me costó trabajo discernir qué parte de todo el suceso me había molestado más. Después de mis nueve años de lucha con los desórdenes alimenticios, no pude evitar molestarme. Los dos enemigos más voraces con los que me había enfrentado ahora tenían apodos con los que la prensa pretendía sacar hasta la última gota de provecho.

Una parte de mí quería darles una buena sacudida a esas dos chicas, quienes obviamente *no* habían pisado el fondo del infierno ni de "Ana" ni de "Mía". Pero lo que más me perturbó fue la manera en que todo el problema estaba siendo expuesto. Así, como si no pasara nada; cómo la era "*light*" en que vivimos ve el problema así de *light* y de aceptable en algunas esferas. Los medios masivos parecen estar glorificando el problema.

Esto es verdaderamente alarmante

Las verdades a medias que los medios masivos de comunicación están propagando acerca de dichos desórdenes resultan más nocivas y destructivas que una mentira. En las palabras de Lord Tennyson: "Una mentira que es una media verdad es la más oscura de las mentiras". Pero mientras más tabús, medias verdades y alabanzas (a través de psicología inversa por medio de la exhibición –en algunos casos amarillista– de las figuras públicas con dichos desórdenes) existan acerca de la anorexia y la bulimia, más venderán todos, desde revistas y tabloides hasta programas de chisme televisivo.

Haber sacado el problema –a medias– del clóset, así de maquillado y glamurizado, sólo manda el mensaje de: "ni es tan malo ni es tan bueno; ahí como tú la veas". Y sí, los medios bien podrían debatir, correctamente además, acerca del punto "ahí como tú la veas", el libre albedrío, pero carecen del mismo escrutinio para verse a sí mismos como co-propagadores de un problema al publicarlo y exponerlo de la forma en que a ellos mejor les reditúa.

El manejo acomodaticio de información entre la medicina, los medios de comunicación, los seguros y los intereses de la industria *light* son tan sólo el reflejo de la falta de salud, integridad y autenticidad de nuestra sociedad.

Los desórdenes alimenticios son el producto de la deshumanización del ser humano.

Algo muy serio está pasando.

En el afán de ser modelos de perfección, estamos volviéndonos de plástico y de cartón. Entramos a un mal capítulo de ciencia ficción, donde los senos naturales son reemplazados por silicón. La capa de ozono es ya una ilusión y a especies animales las mandamos a la extinción.

¡Es hora de que le cambiemos a la canción!

Nuestra sociedad debe despertar, tiene que despertar de la ilusión del mundo materialista en donde lo superfluo es glorificado. Cuando todos, uno por uno, revisemos nuestra escala de valores y ejerzamos desde la conciencia, los individuos, medios e incluso los gobiernos, no tendrán más opción que transformarse.

Panorama general

El legado norte-sur...
Réquiem por el sueño americano

Estados Unidos es el propagador no sólo del *American Dream*, sino de los prototipos que este sueño impone como estándar de belleza y éxito, el cual dicta una serie de tendencias que las personas comunes persiguen a costa de su salud.

Aunque los trastornos alimenticios son un fenómeno mundial, el país con más numero de afligidos sigue siendo Estados Unidos, aunque recientemente Medellín, Colombia, fue nombrada la capital mundial de la anorexia y la bulimia.

La transferencia de cultura norte-sur ha modificado nuestros hábitos alimenticios completamente. La aparición del fenómeno "comida rápida" es una de las causas principales de la obesidad. Pero luego vamos como péndulo hasta el otro extremo, y nos enfrentamos a la era *light*. Para satisfacer las necesidades de un mercado que idolatra la belleza, la juventud y la delgadez extrema, han surgido todo tipo de industrias que ofrecen sus "servicios" para llegar a esas metas inalcanzables, forzosamente creando la contraparte que ofrezca soluciones que contrarresten las repercusiones de dicho fenómeno.

La era light ha lanzado al mercado una serie de productos que a 20 años de uso comienzan a mostrar lo nocivo que son para la salud.

¿El fin justifica los medios?

Estamos apenas empezando a recoger los verdaderos daños del 'boom' de una era que por estar comprometida a servir a la apariencia por encima de todo, carece de la veracidad que requiere la investigación íntegra.

Parece que vivimos una era maquiavélica.... Me quito esto, me aumento aquello, me jalo esto, me estiro aquello... desesperadamente tratando de ser lo que creemos que debemos ser no sólo para encajar, sino para ser dignos de amor y respeto. Difícilmente creo que exista en la galaxia una especie capaz de ser tan cruel consigo misma.

Pero dado que todos estamos expuestos a la presión de ser de tal o cual manera, de pesar tanto o cuánto, de ser de determinada talla... todos, en mayor o menor grado, comparamos nuestra apariencia con aquella que los medios propagan como estándar de belleza. El punto crítico es cuando ponemos nuestra imagen como el centro primordial de sustentación de valía; cuando el control de lo que se debe y se puede comer domina los pensamientos, hasta que estos se convierten en obsesivos. Dado que los primeros deslices mentales son casi imperceptibles, es común que al abrir los ojos a la aceptación de un problema, éste ya está en fases avanzadas.

Ana y Mía

LA JAULA COMPARTIDA DE ANA Y MÍA

El lema de ambas: Nosotros sí podemos, los demás son una bola de mediocres.

La mentira favorita: Eso que dicen que puede pasar nunca nos pasará a nosotras.

La fantasía compartida: En la talla menor está la felicidad.

La fuerza que las mueve: Si yo fuera más flaca, todo en mi vida estaría bien.

Mejores amigos en común: Cafeína, goma de mascar, diuréticos, laxantes y pastillas para adelgazar.

Enemigos de ambas: Sus cuerpos y la comida.

Aunque la bulimia y la anorexia son enfermedades diferentes, sí tienen algo en común: **ambas son potencialmente mortales y no son mutuamente excluyentes**. Puedes ser anoréxica con bulimia como síntoma de apoyo, o bien, una bulímica con anorexia como síntoma de apoyo. En el mundo de Ana todo es sistematizado y paulatino, mientras que en el de Mía todo es extremista e impulsivo.

Mientras que en la anorexia el deterioro es notorio externamente, la bulímica sufre daños internos aparentemente imperceptibles.

*Ana siempre niega tener un problema,
Mía sabe que lo tiene, pero
se cuenta las mejores historias
para convencerse de que no.*

Aunque es imposible determinar cuándo los daños internos se manifestarán o en qué punto de la enfermedad lo harán, lo que si puedo afirmar por experiencia es que una vez que el primer daño físico se expone, son como piezas de dominó que comienzan a caer una tras otra hasta que el dolor físico se convierte en algo natural y habitual.

Ana y Mía también son afines en cuanto a que, cuando la persona abre los ojos y ve el verdadero hoyo en que ha caído, el suicidio tiende a ser una opción tentadora...

Ana y Mía son similares ya que ambas son el resultado de una mala o nula conexión con la naturaleza instintiva. Anorexia es la negación de los instintos; bulimia es la aberración de estos. Este no es problema exclusivo de aquel que tiene un desorden alimenticio. Es un problema socio-cultural. Porque básicamente, en esta sociedad en la que vivimos, a pesar de que hemos convertido literalmente una era física en una virtual, aún no hemos aprendido a manejar nuestra naturaleza más primitiva, la animal.

En el caso particular de Ana y Mía, el conflicto entre el instinto y el intelecto se manifesta en una amplia gama de neurosis*. Es como traer una capa tras otra de personalidades o "caretas" de perfección.

En cada careta va la determinación y perseverancia de un militar; cada careta se cree más perfecta que la anterior; de cada careta salen metas cada vez más ficticias e idealizadas, creando así la siguiente que *sí* podrá cumplir esas metas... Termina el delirio y empieza la locura, ya no hay conexión con la realidad.

¿Dónde está el punto del cual ya no hay regreso?
Varía, según el grado de deterioro físico y anímico.

El daño de las falsas concepciones

Es vital soltar todas las nociones preconcebidas acerca de los desórdenes alimenticios en cuanto al peso específico que se debe tener para cubrir un perfil o el otro. Todas las variaciones existentes de los desórdenes alimenticios son diferentes tonos de un mismo color. Cambiar el enfoque es vital para detener el fenómeno. El comportamiento anoréxico surge en la mente. Una persona en plena adopción del perfil psicológico y en fases iniciales de ejecución puede tener un sobre peso según los estándares de delgadez actual. Entre que el cuerpo manifiesta notoriamente el daño, la medicina y seguros médicos la diagnostican y la persona recibe ayuda, la enfermedad ya está en fase avanzada. De igual forma, una persona con síndrome de comedora compulsiva no necesariamente es una persona obesa.

Los desórdenes alimenticios nos han enseñado algo hasta ahora: las muertes tienden a ocurrir en aquellas personas que al exterior parecían estar en condiciones normales, pero los daños internos, como deficiencia cardiaca y renal, terminaron repentinamente con sus vidas.

Así como pueden haber anoréxicas esqueléticamente delgadas, pueden no serlo necesariamente; pueden haber bulímicas desde alarmantemente flacas hasta muy pasadas de peso y comedoras compulsivas activas que sean incluso más delgadas que las bulímicas. Pero entre que "son peras o son manzanas", lo que ocurre es que las clínicas parecen decirles a las anoréxicas: "regresa cuando estés más flaca", a las comedoras compulsivas: "regresa cuando estés más gorda", a la bulímica: "ve y defínete" y a la bulimaréxica: "tú no tienes una enfermedad propia", llevándola a la catalogación de trastornos alimenticios no especificados. ¡Estas confusiones están cobrando muchas vidas!

¡No es una cuestión de peso!
¡Eso fue lo que inició el problema!

Tendencias psicoterapéuticas

Dado que los trastornos alimenticios son un fenómeno de la era contemporánea, recurrir a la antigua escuela de psicoanálisis tradicional no es el método más eficaz para el tratamiento de dicho problema. Los freudianos y los conductistas tienden a ser mecanicistas, mientras que los neo-freudianos, humanistas y existencialistas se enfocan en la postura integral del ser.

Además de que la tradicional escuela freudiana sostiene que la raíz de una conducta aberrada responde al impulso nato del ser de saciar un anhelo de muerte y autodestrucción, le quita en esencia la contraparte a esa faceta, "como un reflejo o conducta destructiva producto de un anhelo frustrado al que no se ha renunciado, pero en esencia movido por el deseo de vida plena, no de muerte".[1]

Por otro lado, el proceso de *libre asociación* en el que se basa esta tendencia es lento y los resultados se ven a lo largo de muchas sesiones.

---

[1] Villanueva Reinbeck, M., "Mas allá del principio de autodestrucción" p. 21, 1988.

Las tendencias humanistas, además de ofrecer un panorama más alentador en cuanto a lo que el ser humano es, se enfocan y enfatizan la búsqueda de sentido por medio de la trascendencia, brindando herramientas clave no sólo para la compresión de la enfermedad, sino para llegar a la compresión del *para qué* de la vida misma.

> En el tratamiento de los desórdenes alimenticios el tiempo es crítico.

El neoconductismo aplicado en el tratamiento de bulimia y anorexia puede resultar contraproducente. Algunas clínicas ejercen un patrón de "si comes tanto, llegas a pesar tanto y mides tanto, podrás salir de la unidad intensiva", pero aunque esto sí presta ayuda inmediata en cuanto a la preservación de la vida física, a la vez perpetúa el problema pues, cuanto más se aprenda a llenar esos requisitos para poder salir, más quedará el mensaje de *"yo puedo subir y bajar de peso, entrar y salir a mi antojo, verle la cara a todos los médicos y salirme con la mía"*.

Esto funge como reforzador de que la situación está bajo control, alimentando la fantasía neurótica de que el problema no es tan grave o, peor aún, que el problema es inexistente. Estamos hablando de un perfil de inteligencia alto y seres perfeccionistas que "se las saben de todastodas". Hay todo tipo de truco para engañar a la báscula. Para afirmar el punto anterior citaré...

EL CASO "E"

Ella había entrado y salido de la clínica varias veces… La rutina se la sabía. Te recitaba, en diferentes idiomas y sistemas métricos, cuánto había que pesar en esta clínica y cuánto en la otra para que te dejaran salir.

Ella siempre le atinaba al peso, y siempre lo lograba antes de cumplir la semana de internamiento. Su truco era un diurético en determinadas dosis, pues, si lo ingería un día, la hacía perder peso en las siguientes 18 horas, pero a partir de ese punto su cuerpo aumentaba de peso por la retención de fluidos, efecto que duraba casi 72 horas antes de volver a la normalidad. Dado que el estudio de su cuerpo era lo único que ocupaba a E en esas fechas, sabía qué tomar para obtener tal o cual reacción. E se la pasó así meses, casi un año; para cuando la doctora le cachó el truquito, tenía los riñones destrozados.

. . . .

Neuro Lingüística

Siendo una mezcla entre psicolingüística y psicoterapia gestalt*, la Programación Neuro Lingüística logra integrar una teoría para la eficaz reprogramación neurológica.

La Programación Neuro Lingüística (PNL), iniciada como tal a principios de la década de los setenta por John Grinder y Richard Bandler, con la participación de Perls, Satir y Erikson, parte de los fundamentos de la teoría constructivista, que define la realidad como una invención y no como un descubrimiento.

La PNL es una escuela pragmática, con herramientas y técnicas para desarrollar un pensamiento coherente, congruente, estratégico y sistemático, que ayuda al ser humano a crecer, conocer su potencialidad y mejorar considerablemente su calidad de vida. Presenta un enfoque práctico y potente para lograr cambios personales tangibles. Es una poderosa herramienta de comunicación, influencia y persuasión puesto que, a través de la reprogramación del proceso de pensamiento, se puede dirigir el cerebro para lograr los resultados específicos deseados.

Programación Neuro Lingüística en tratamiento de anorexia infantil

Una esperanza real para los niños

Dado que en la anorexia infantil los mapas mentales de la enfermedad aparecen en un territorio en fase de consolidación, la aplicación de un tratamiento Neuro lingüístico no sólo puede ser rápido y eficaz, sino también salvador. Es como cambiarle el agua a una esponja en vez de tener que desmoronar un ladrillo construido de una neurosis tras otra.

Estadísticas

La edad de inicio de la anorexia es cada día alarmantemente más baja.

Las cifras de quienes entran a este infierno desde y antes de los 10 años se ha triplicado, con la constante de que a menor edad, mayor posibilidad de afectar al sexo masculino.

Algunos sugieren que la anorexia infantil femenina comienza a incubarse y entrar en etapa de gestación entre los 4 y 6 años, y en hombres entre los 8 y los 9.

La doctora Mary Pipher, en sus 20 años de experiencia como psicoterapeuta en múltiples casos de trastornos alimenticios afirma que: "La bulimia constituyó una epidemia en la década de los ochenta y los noventa, pero encuentra su apogeo en el nuevo milenio. Esto se convierte en un fenómeno cada vez más común. En estos momentos entre 8 y 20% de las chicas en edad escolar son bulímicas. Los psicólogos estiman que la tasa de incidencia bulímica entre las jóvenes universitarias es del orden de una de cada cuatro. El porcentaje de muerte es de 1.4 en 10".

La situación en México y las medidas radicales

Hacia la entrada al nuevo milenio, la clínica *Eating Disorders México* afirmó que 0.6 % de las mujeres jóvenes padecen anorexia nerviosa, entre 1.5 a 2.5 % bulimia, entre 50 y 70 % de las personas con sobrepeso padecen el síntoma del comedor compulsivo y que entre 5 y 19 % de las mujeres jóvenes tienen algún síntoma que apunta hacia un trastorno alimenticio. También afirmó que la edad de inicio de estos trastornos se da alrededor de los 16 años, pero el rango oscila entre los 10 y los 25, aunque no se puede descartar la presencia de estos problemas después o antes de estas edades. Actualmente, el porcentaje de bulimia en edad escolar oscila entre 12 y 23% mientras que la anorexia es de 1.1 a 1.8%

Para tratar de controlar el problema de la bulimia y las purgas, algunas escuelas particulares cierran los baños con llave... Creo que sobra decir que esto, más allá de solucionar el problema, sólo evita que la bomba estalle en su territorio, pero logra que lo haga con más fuerza al salir de las instalaciones. Sería altamente aconsejable impartir una clase de desórdenes alimenticios e implantar a la vez un programa oficial de apoyo psicológico durante horas escolares.

Leucotomía límbica... el electroshock moderno

Con el afán de controlar el problema epidémico de los desórdenes alimenticios en México y ofrecer "soluciones" a aquellos pacientes que no responden a los psicofármacos, existen métodos retrógados como la leucotomía límbica o psicocirugía, practicada actualmente en el Hospital 20 de Noviembre. En las palabras del doctor Manuel Hernández

Salazar, jefe de Enseñanza del Centro Médico Nacional, el procedimiento quirúrgico consiste en "anestesiar al paciente de forma general para luego, con el apoyo de trépanos (instrumento para perforar el hueso), introducir un par de electrodos profundos al cerebro, los cuales aplican una serie de impulsos caloríficos (radio frecuencias) a los puntos encefálicos seleccionados, y así provocar lesiones (quemaduras) con las que es posible eliminar el origen de los trastornos psiquiátricos".[a]

El desbalance neurológico que ocurre en las personas con episodios atracón-purga se debe a una deficiencia de triptófano y serotonina*, la solución es balancear esos químicos y neurotransmisores aunado a una psicoterapia, ¡no lacerar puntos encefálicos! El espíritu del problema no desaparecerá por medio de una leucotomía.

El procedimiento descrito es un electroshock aplicado directamente, pues ocurre a "cabeza abierta". Es vital recordar también que *no* se usa sólo como método para el tratamiento de la bulimia, sino como "solución" general a males psiquiátricos el cual carece de la evidencia para comprobar que lacerar los puntos encefálicos seleccionados no daña ningún otro aspecto de la inteligencia o personalidad

"Amputar" el problema solo lo convierte en mutante. ¡Esto es pretender borrar un cáncer social evadiendo toda responsabilidad moral y haciendo de la enfermedad y del sufrimiento algo "neurológico" y nada más... Ese tipo de pensamiento es el reflejo directo de la sociedad actual donde despiadadamente vivimos una doble moral... Abramos los ojos, por piedad, no podemos seguir violando los derechos humanos así nada más.

Psiquiatría viene del latín "psique", que significa alma.

---

[a] Fuente: periódico *Ciensalud*, julio 2006, art. Héctor de la Peña.

Dicho procedimiento se está practicando actualmente en pacientes que no respondieron al tratamiento psicofármaco, mandándoles el mensaje de "éste es tu último recurso, no tienes ya más alternativa". Lo más triste es que conozco la angustia y desesperación que se vive en el fondo de esta enfermedad... Es estar dispuesto a cualquier cosa con tal de que la pesadilla termine. En ese estado mental, no se miden ni riesgos ni consecuencias. Quizá en el fondo lo que se va buscando es quedarse en la anestesia, y evitar así la decisión de un suicidio. Poco valor le puedes dar a una vida que has vomitado literalmente durante años.

Piénsalo, no una, por lo menos cien veces antes de meterte en esto. Sólo estarás cambiando un problema por otro. Por más tentador que te parezca, por lo menos considera que tienes opciones; siempre las tendrás, aunque por ahora no lo sientas así.

Fuera del esquema mecanicista... ¿qué hay del sufrimiento del paciente? ¿Dónde queda entonces la oportunidad de crecimiento que brinda la trascendencia de la adicción? ¿Dónde queda la enseñanza detrás de la enfermedad? Si se está aplicando este procedimiento en pacientes que no han respondido al tratamiento psicofármaco, entonces el paciente (y hablamos de **un ser humano**, no de un conjunto de patologías sin mayor esperanza de recuperación) lleva ya probablemente años en su padecimiento. "Amputarle su problema" (sin garantía alguna de que así sea) es básicamente quitarle todo sentido al sufrimiento ya experimentado para cambiárselo muy probablemente por otro... Eso lo estaremos viendo al seguir las consecuencias de este experimento a largo plazo.

¡¡¿Hacia dónde va la psiquiatría?!! Seguimos utilizando métodos propios de la medicina mecánica, la cual despojó a al a ciencia de su carácter esencial, y la convirtió en un "laboratorio vivo" con el cual experimentar;

Saber de la existencia de dicha atrocidad y aún así optar por la "cómoda" neutralidad te convierte en cómplice de los crímenes contra la humanidad.

una era capaz de implantar el uso despiadado del electroshock y el shock insulínico como solución a males psiquiátricos y medio de tortura para disidentes políticos. Un electroshock son 460 volteos de electricidad aplicado al cerebro de un ser vivo... Anualmente psiquiatras matan en promedio 10,000 gentes por abuso de electroshock y psicocirugías mal efectuadas; tres cuartas partes de las personas que mueren por mal uso de ellos son mujeres; 20 millones de niños alrededor del mundo toman medicamento psicofármaco, pese a la comprobada hostilidad, agresividad y violencia de los efectos secundarios. Hasta un 25% de los psiquiatras cometen un crimen de tipo sexual con un paciente, y de cada 20 víctimas uno es probable que sea menor de edad.[b]

En el nombre de la dignidad humana, no podemos seguir pretendiendo que no pasa nada...

Sería importante –vital– recordar que psiquiatría viene del latín "psique", que significa alma. Sería indispensable también revisitar el credo psiquiátrico –uno de los grandes legados de la corriente humanista.

Determinaciones y acontecimientos recientes a nivel mundial

En la reunión celebrada bajo el lema: "Medellín, actual capital mundial de los desórdenes alimenticios" realizada el pasado 28 de agosto en la sede del Banco Interamericano de Desarrollo (BID), la profesora de sociología de London School of Economics and Political Science, Susie

---

[b] Fuente: Citizens' Commission on Human Rights CCHR http://www.cchr.com/index.cfm/19977

Orbach, afirmó: "La epidemia de desórdenes alimenticios y problemas con la imagen del propio cuerpo se ha convertido en un problema de salud pública en el cual las autoridades internacionales deben involucrarse. Sólo 2 % de las mujeres en el mundo se sienten bellas".

El estudio Orbach muestra que 72% de adolescentes y 68% de mujeres adultas evitan actividades normales debido a las distorsionadas percepciones que tienen de sus apariencias: 13% no va al médico, otro 13% evita ir a la escuela, 8% se escapa del trabajo y 16% decide no participar en una entrevista laboral debido a la presión y la idea de que será rechazada para el puesto por no ser lo suficientemente atractiva. "El BID reconoce la importancia de este asunto y está tratando de promover la sensibilización acerca del problema, el cual es muy importante para mujeres y jóvenes latinoamericanas y caribeñas", afirmó Gabriela Vega, jefa de la Unidad de Igualdad de Género en el Desarrollo del BID.[c]

Los pasos de España...
camino de la esperanza...

Dado que en España el número de chicas, mujeres, niños, niñas y hombres adultos enfermos se disparó sin control alguno, diversas instituciones han tenido que unirse para tratar el problema de forma integral. Las clínicas en España, conscientes de que el método neoconductista en realidad no soluciona nada y de que el motor de la conducta que conduce al ciclo atracón-purga surge en el cerebro por una fuerte caída de los niveles de serotonina* en el sistema nervioso central que es provocada por un deficiencia de triptófano, comienzan a implantar dietas de

---

[c] Para leer el artículo completo: http://www.iadb.org/news/articledetail.cfm?Language=SP&artid=3249

alimentos con un alto contenido de esta sustancia química y así aliviar el problema de la insuficiencia de serotonina, combinándolo con el uso de fármacos como la fluoxetina (psicofármaco que se halla dentro del grupo de los inhibidores selectivos de la recaptación de serotonina o ISRS). La base del tratamiento con este medicamento radica en la comprobación de que los pacientes bulímicos tienen niveles inferiores de serotonina en sangre y, por ende, en el sistema nervioso central, lo que determina las características oscilaciones en el humor y el apetito exacerbado que conduce al atracón, sumados a la intensa preocupación por la imagen corporal y el temor a perder el control sobre los hábitos alimenticios. Numerosos estudios sugieren que la bulimia está relacionada con la imposibilidad del sistema nervioso de regular la serotonina.

Las dietas altas en triptófano abren la puerta a la sustitución de fármacos, ayudando al hipotálamo a producir una sustancia que no es capaz de segregar en forma natural. Este paso regresa al principio básico de trabajar con el cuerpo, no a sedarlo con antidepresivos o lacerándole puntos encefálicos.

Decisión de Cibeles: conmoción en el mundo de la moda…

MADRID (*Reuters*, 12 Septiembre, 2006). La decisión de Cibeles de ser la primera pasarela de moda de alto nivel que prohíbe desfilar a modelos demasiado delgadas ha causado indignación entre las agencias de modelos; esta polémica marca el inicio de una lucha real contra el problema de la moda y el impacto sobre la salud.

La semana de la moda de Madrid, después de las protestas de diversos sectores, rechaza a las modelos demasiado delgadas. El argumento es que las chicas y mujeres jóvenes intentan copiar el aspecto físico de las modelos actuales, logrando sólo desarrollar desórdenes alimenticios que las lleva, cada vez con mayor frecuencia, a la tumba.

La pasarela Cibeles de Madrid está utilizando el índice de masa corporal o IMC –que se basa en el peso y la estatura– para medir a las modelos. Esto impide a 30 por ciento de las que desfilaron en ediciones anteriores formar parte de este evento. Varios médicos están disponibles para verificar el IMC de todas las participantes.

"Las restricciones pueden ser, al principio, una conmoción para el mundo de la moda, pero estoy segura de que es importante en cuanto a que la salud está implicada", dijo Leonor Pérez Pita, directora de la Pasarela Cibeles. "Si no llegamos a un acuerdo, el paso siguiente es legislar, igual y como pasó con el tabaco. Si no nos hacen caso no hay más remedio. Estamos dispuestos a llegar adonde quieran llegar," dijo Carmen González de la Asociación en Defensa de la Atención a la Anorexia Nerviosa y Bulimia (ADANER), quien ha hecho campaña para la implantación de restricciones desde la década de los noventa. También existe la propuesta de que dicha iniciativa acerca de establecer una talla mínima llegue más allá de las pasarelas y sea efectiva también en modelos publicitarios. Además, en la propuesta oficial se pide al gobierno que impulse a otros organismos europeos a crear un patrón común de tallas acorde con la mujer real.[d]

En Alemania...

A principios de 2006, la modelo alemana Heidi Klum fue fuertemente criticada en los medios por hacer una apología de la anorexia en el reality show Germany's Next Top-Model, que buscaba a su sucesora. Esta crítica se basó en

---

[d] Para leer artículo completo: http://es.news.yahoo.com/12092006/44-13/mundo-moda-conmocionado-decision-cibeles.html

el testimonio de algunas de las jóvenes participantes, entre 16 y 22 años, quienes afirmaron haber sido descartadas por ser consideradas demasiado gordas, mientras otras reconocieron públicamente sufrir problemas de anorexia.

En Italia...

La alcaldesa de Milán, Letizia Moratti, dijo a un periódico italiano que buscaría una prohibición similar a la de Cibeles para las pasarelas de su ciudad a menos que encuentren una solución para las modelos que parecen "enfermas".

En Inglaterra...

La ministra británica de cultura, Tessa Jowell, llamó a los organizadores de la semana de la moda de Londres a prescindir de las modelos "esqueléticas" en sus pasarelas. "La promoción, por parte de la industria de la moda, de un concepto de belleza ligado a la extrema delgadez está afectando la salud de las adolescentes," dijo Jowell, que pidió seguir el ejemplo de Madrid.[e]

Mujeres reales en la publicidad

Dove está rompiendo con los esquemas de cuerpos perfectos y esbeltos. La campaña de esta marca consiste en trabajar con modelos normales que se asemejan al prototipo de la mujer real.

La idea de esta campaña surgió después de una investigación realizada entre las consumidoras del producto. Más de 60 % de estas mujeres admitieron sentirse deprimidas en relación con los cuerpos que se exhiben habitualmente

---

[e] http://www.dw-world.de/dw/article/0,2144,2171706,00.html   http://espanol.news. yahoo.com/s/reuters/060918/entretenimiento/espectaculos_espana_moda_ cibeles_sol_1

en los anuncios de belleza y 75 % dijo que desearían ver imágenes de mujeres más reales en la publicidad de este tipo de productos.

¡Éste si es un paso sólido y firme en la dirección correcta! La mujer es mucho más que su cuerpo, que su peso, que su rostro...

¡*Sustancia y esencia –ya no apariencia!* Mientras los medios publicitarios no cambien las imágenes de lo que la moda impone como estándar de belleza, la enfermedad no se detendrá. **¡*Es hora de despertar!***

Anorexia varonil y el impacto de los medios

Aunque el número de víctimas en el nicho anorexia y bulimia masculina también se ha disparado, dada la cantidad de insignias y connotaciones que este sector ha recibido, sus presas lo ocultan y niegan aún más. Debido a que lo consiguen, la intervención médica suele llegar cuando la enfermedad está demasiado avanzada, lo que disminuye drásticamente las posibilidades de recuperación.

Psychology Today señala que en 1972 sólo 15 % de los hombres se sentía infeliz con su apariencia. En 1986 ese porcentaje había crecido hasta 54 %. El artículo "El efecto de los medios sobre la imagen corporal de los hombres", basado en los estudios de la Universidad de Regina, Canadá, reveló que de 40 estudiantes universitarios del sexo masculino que participaron en la muestra todos tenían en cuenta como medio de contraste a aquellas figuras de la moda y a lo que esta imponía como sinónimo de hombre atractivo y en forma, haciéndolos sentir inseguros o demasiado conscientes e insatisfechos con su propia apariencia.

El Doctor Ira Sacker, director de la Unidad de Desórdenes Alimenticios del Centro Médico Universitario Brookdale en Brooklyn, afirma que en los últimos seis años se han incrementado exponencialmente sus pacientes masculinos con trastornos alimenticios. "Las mujeres que sufren trastornos de la alimentación no son recriminadas por su padecimiento; en cambio, los hombres afectados reciben tratamiento negativo; la sociedad relaciona a un hombre muy flaco con una enfermedad grave, mientras que la mujer no es juzgada por ser flaca. ¡Es como si para ellas la anorexia fuera un asunto de moda, eso es terrible!"

Tu libertad ante los medios de comunicación

Hay una epidemia de adolescentes que buscan desesperadamente parecerse a una serie de prototipos inalcanzables, tanto en belleza, riquezas materiales, precocidad sexual, metas sobrehumanas: el "sueño americano", y por sentir que son parte de ésta elite, – "con tal de" – hacen lo único que si pueden: destruirse a sí mismas.

¿Qué sucedió con la publicidad que adquirió la bulimia cuando afectó a la Princesa Diana? Popularizaron la enfermedad. Le dieron a algo tan repugnante como el vómito un toque aristocrático. Por más que ella se esforzó en pedir públicamente a los medios que no idolatraran la enfermedad, lo único que logró fue que los medios la idolatraran a ella por ser tan real y genuina al respecto.

Haz conciencia acerca de cómo estás siendo bombardeada, y en tu inhabilidad para responder a esta serie de demandas, te estás bombardeando a ti misma por no ser todo aquello que tú crees que deberías ser.

Ahora no te enfoques en cambiar a los medios de comunicación, pero si tienes forzosamente que cambiar tu actitud frente a ellos. Ahí está tu libertad. Es un factor condicionante que no debes permitir que se vuelva determinante. Si tú te das cuenta y te sales del juego, ya la hiciste. Si quieres seguir llenando huecos desesperadamente, pretendiendo y matándote por ser lo que nunca serás, ya valiste.

Cuando abras los ojos, dirás: ¿Qué pasó? ¿Cómo fue? ¿Cuándo me quedé dormida? ¿En donde me di el trancazo que me dejó inconsciente?

> Esto es un negocio redondo para ellos; tú nunca vas a ganar, nunca obtendrás la felicidad a través de "ser esto" o "transformarte en aquello…" la pregunta es, ¿cuánto estas dispuesta a perder? El precio último es tu vida.

Recuperando tu estatus: de objeto a sujeto

Al estar enferma y semiconsciente sostienes una amplia gama de industrias:

- Farmacéutica.
- Cirugía cosmética.
- Médica (desde nutricional, internista, psicológica y psiquiátrica).
- Industrias manufacturares de la era *light* (desde productos a contra productos y sub productos).
- Seguros y reaseguros.

La salud y el despertar de tu verdadero ser tiene a todas estas industrias sin pendiente alguno (excepto quizá a la médica). Eso lo debes tener claro. Para ellos no eres un ser humano, eres sólo un cliente potencial. Mientras tú

Los medios juegan con todos tus tendones de Aquiles emocionales y disparan todos tus botones… y tú no sabes si vas o vienes, o por qué lo haces tan rápido.

trates desesperadamente de encajar, mientras no sueltes tu necesidad de ser aquello que todos consideran como sinónimo de felicidad, te pondrás en calidad de objeto que está condicionado a cubrir todas la demandas del entorno; éstas, al ser imposibles de satisfacer, sólo terminarán alimentando a las industrias antes mencionadas, y tú seguirás desnutriéndote corriendo tras algo inalcanzable...

En el momento en que des un paso atrás y te salgas del esquema, voltearás las reglas del juego a tu conveniencia. Serás el sujeto que toma objetos de un contexto externo según sus necesidades y deseos únicos.

Mientras más sujeto te conviertas, más te darás cuenta de que menos objetos necesitas. Mientras más sujeto te conviertas, más aprenderás a distinguir entre necesidad y deseo; y al hacerlo, *serás libre de necesitar todo aquello que ahora crees que necesitas.*

Anorexia nervosa: el suicidio sofisticado de nuestra era

Ana la Tirana

La cárcel psicológica de Ana la Tirana

Mentira básica: Estoy en control de la situación.

El lema: Mejor muerta que gorda.

Fantasía predilecta: Recordar los olores y sabores de la comida hasta hacer que el cerebro dé vueltas.

Delirio oculto inconsciente: Mientras controle lo que como, nunca tendré que salir de la etapa de la "niña buena".

Actividad mental favorita: Suma de la caloría y multiplicación del carbohidrato.

Continúa ⇨

⇨ *Continuación*

> **Argumento público**: No estoy flaca, estoy a la moda.
>
> **El slogan**: No peso nada, pero no pasa nada.
>
> **Engaño favorito**: Sólo un kilito menos.

Definición

La Asociación Americana de Anorexia Nervosa define el trastorno como "una enfermedad seria de autoinanición con componentes psiquiátricos y físicos profundos y complejos". Anorexia, que literalmente significa falta de apetito, no es en sí la esencia de la enfermedad. La persona que sufre de anorexia siente hambre todo el tiempo, pero su acentuada disciplina y los rituales neuróticos de los cuales se alimenta logran hacer que los retortijones sean suprimidos durante años —¡incluso décadas!

Habiendo pasado por la enfermedad, entiendo bien el trastorno mental y el temor a siquiera tener un bocado de comida en la boca. Básicamente, *el lema de la anoréxica es* "mejor muerta que gorda". Estudios realizados por Patricia Neuman en su libro "*Anorexia Nervosa y Bulimia, Una guía para terapeutas y consejeros*" demuestran que "para la anoréxica la gordura es considerada una muerte en vida, por lo tanto más temida que la pérdida de la vida misma".[2]

Dado que el cuerpo atraviesa por inanición —en ocasiones durante décadas— las

> La anorexia es la perfección del sistema de autoinanición, cuyo sustento psicológico es la fantasía histérica de permanecer en un estado de infancia.

---

[2] Neuman-Halvorson, *Anorexia Nervosa and Bulimia, A Handbook for Counselors and Therapists*, p. 12.

conductas que se desatan bien podrían ser como las de un prisionero en un campo de concentración. *No importa si el hambre es impuesta por uno mismo, las repercusiones físicas y consecuentes fases de delirio mental son las mismas.*

Es difícil entender la mente de un anoréxico, a menos que se vea desde adentro. A continuación verás un cuadro que describe mi semana alimenticia seis meses antes de que mi vida como interna en la escuela de gimnasia terminara.

Día	Lugar y hora	Tipo de comida	Pensamientos
Lunes	12:30. En la camioneta, camino al gimnasio	Una mandarina Medio sándwich	¡Lo hice otra vez! Juré traer el sándwich sólo para verlo, pero no me pude contener. Me dije a mí misma: "sólo un bocado", pero como el cochino que soy, me comí toda una mitad. ¡Tengo la fuerza de voluntad del tamaño de un chícharo! Ahora la manzana tendrá que ser la cena. Siempre me pasa esto los lunes, por eso odio los domingos. Tener tanto tiempo libre es un grave peligro.
Martes	7:45. Desayuno, dormitorio	Medio plato de cereal con leche	Medio platito de cereal, justo como me había prometido. ¡Bien hecho! Ya me siento mejor, después del sándwich del lunch lo único que cené fue media manzana. Hoy va a ser un día menos malo.
	12:30. En la camioneta, camino al gimnasio	Una manzana y miré un sandwich	¡Lo logré! El sándwich sólo lo miré y lo guardé de inmediato. Me dio gran gusto poder mirarlo durante el entrenamiento y encontrarlo así, enterito.
Miércoles	12:30. En la camioneta, camino al gimnasio	Una manzana	Todo va como lo he planeado; medio sándwich para la cena y la mitad lo tiré. Tuve la suficiente fuerza para brincar el desayuno. Hasta puede que sea un día bueno. Como dijo A, cada caloría cuenta.

Día	Lugar y hora	Tipo de comida	Pensamientos
Jueves	7:45. Desayuno, dormitorio	Medio plato de cereal, media manzana	Aún sigo sin creer lo que vi anoche. ¡B en la cocina comiendo la comida del bote de basura! Me sentí descubierta, yo sólo quería un vaso de leche. Lo tomé e hice mis 20 minutos de subir y bajar escaleras. Creo que todas estamos muy nerviosas por los estatales de la semana que viene; cada vez están más llenas las escaleras por las noches. Esto ya parece una rutina de grupo.
Viernes	8:30. Después de la cena, sala de estudio	Ayuno total	¡La libré! No me pusieron en la lista negra, pero lo que le paso a B fue realmente espantoso. ¡Sólo fue media libra! ¿Dos horas de ejercicio más por eso? ¡No, qué horror! Eso no me va a pasar a mi!
Sábado	1:30 pm. Después del almuerzo, dormitorio 6:40. Dormitorio	Dos manzanas y dos peras Un sándwich	¡Soy una tarada! Todo el esfuerzo del viernes tirado por la borda. Quizá si debí haber desayunado, sentía desmayarme durante el entrenamiento. Para la otra no iré en ayuno total al entrenamiento de sábado. Casi me rompo un tobillo en la salida de barras. ¡Qué susto me llevé! Me chocan los sábados por la tarde. No hago más que pensar en comer y preocuparme por tener todo el día siguiente libre. ¿Y si no me puedo controlar? No, qué horror, tengo que hacerlo. Mañana hablaré a casa, me sentiré mejor.
Domingo	4:30 pm. Centro de compras	Atracón en el mall	¡Me odio, me odio! La llamada a casa fue mala, no podía hablar, había ruido. ¿Qué hice? Salí disparada y comí hasta reventar. Ya no me sorprenden las colas para usar el baño. Aunque todas se dicen unas a otras que L es la más vomitona, quién sabe, yo siempre me encuentro a las mismas. M está usando el jardín. La pelea a golpes de B con L me dio miedo, nunca le había visto ese lado a ninguna de las dos. Quizá M tenga razón y el jardín no es tan malo.

Es importante mencionar que esto lo hacía aguantando un entrenamiento olímpico de siete horas diarias, seis días de la semana.

Momentos surrealistas...

Una locura individual y colectiva

Durante la última fase de mi estancia en el internado, se suscitaron conductas que nadie hubiera imaginado... Recuerdo en particular un acontecimiento que tuvo lugar en una fría mañana de enero al reunirnos todas de nuevo después de las vacaciones navideñas. A través de los años se fue forjando la tradición de traernos un obsequio de nuestros respectivos países, para así poder tener una especie de navidad entre nosotras. A la hora de la reunión, K, una de las internas, nos dio primero el regalo oficial, pero después comenzó a desbordarse en júbilo ante la anticipación de *"el regalo"*, el que como ella repetía una y otra vez, "no nos la íbamos a creer." Sacó entonces una bolsa que parecía tener una gran cantidad de bolsas dentro. K, durante su largo vuelo de regreso a Estados Unidos, dedicó horas enteras a recolectar las bolsas de vómito de cuanto asiento pudo, y orgullosamente nos las traía como una alternativa —lejos de perfecta— que de alguna manera aliviara el problema de tráfico en los baños. La verdadera locura fue que todas le agradecimos el regalo enormemente; después de todo, nos había proporcionado un reconfortante psicológico portátil. *¡No hallábamos la forma de agradecerle!*

En el fondo, lo que más agradecimos fue el intento de K por recuperar la paz entre nosotras y promover un espíritu de compañerismo, por más surrealista que éste fuera. El suceso reanudó el dialogo entre compañeras, y aunque fue por tan sólo unas cuantas horas, sí tuvimos una bonita y blanca Navidad después de todo.

...Viéndolo ahora, a 24 años de distancia, no puedo evitar mover la cabeza de un lado a otro y preguntarme con profunda nostalgia: ¿en dónde estaba mi conciencia...?

La moraleja de esta historia es que dicho comportamiento provenía de un conjunto de niñas "envidiadas por todos", "la elite deportiva", "las niñas modelo".

Todas querían ser como nosotras...

Ésta es la cruz y esencia del problema: la presión de ser la niña modelo, y de creerse la niña modelo hasta que el delirio comienza.

Fases de obsesión interna

Quizá alguien en tu salón o en el trabajo se puso a dieta y todos dicen que se ve genial. Tú piensas que definitivamente te verías mejor en tu bikini si hicieras lo mismo; o estás entrando a la adolescencia y

> *quizá todos los cambios de tu cuerpo*
> *te confunden horriblemente.*

"Si me quedo siendo una niña", piensas en lo más profundo de tu fantasía, "nunca tendré que enfrentarme a toda esa serie de cambios y confusiones".

> *Y empieza tu laberinto...*

Fase I

Comienzas *la* dieta. Comienzan los halagos por tu reciente

interés en el físico, desde tu alimentación hasta tus rutinas de ejercicio. Todos te aplauden; tus padres, maestros y amigos admiran tu fuerza y voluntad de hierro. La báscula ahora es tu mejor amiga. Cada vez que la visitas te da buenas sorpresas y alegría. Tu ropa se vuelve rápidamente cómoda y holgada. Un respiro y alivio respecto a como la sentías antes. Sientes un poder mágico con efecto afrodisíaco sobre el control que tienes sobre ti y tu cuerpo.

Tienes toda la cuerda del planeta. Nada más vigorizante que sentir como tu cuerpo poco a poco se consume a sí mismo para darte vitalidad. Es la más sublime de las energías; y mientras más bajas de peso, más energía tienes. Los demás dicen que esto es peligroso...pero, ¡no tienen idea de lo que están diciendo! Es como tener una producción interna de cafeína constante, día y noche. Bailas, corres, brincas y te mueres de la risa cuente y cuente calorías.

Fase II

Sin embargo, últimamente por las noches, cuando te acuestas, te sientes un poco inquieta... Saboreas los contenidos del refrigerador y planeas mil formas diferentes de comerte un mismo platillo. Das vueltas en la cama. La pura idea de la comida no te deja dormir. Te distraes elaborando la historia que contarás para saltarte la siguiente comida enfrente de tus padres. Repasas tus últimas versiones. Es importante no repetir demasiado, no quieres despertar sospechas. Ultimadamente, protegerás tu secreto con la vida misma de ser necesario.

Fase III

Pero algo anda mal. La inquietud nocturna te provoca hacer cosas raras. Pareces levantarte en las noches, en estado casi sonámbulo, y atacas al refrigerador como un lobo hambriento. Ese lado tuyo ni tú te lo conocías. De repente comes casi sin respirar y a puños llenos. No sabes como pasó, tú sólo comerías un bocado, ¡te lo repetiste mil veces antes de dormir! Tendrás que hacer "lo inevitable" y vomitar hasta tener el estómago completamente vacío, y aparte ingeniártelas para no hacer ruido.

Ya de regreso en cama, no puedes creer como esto se vuelve cada vez más frecuente. Tratas de distraerte. Se te fue la fecha del examen y eso te tiene aún molesta. ¿Que pasó con mi disciplina y dedicación? Te preguntas aterrorizada. Cierras los ojos y haces lo que más te gusta: delirar acerca de la comida hasta que tu mente se apacigua. No te das cuenta de que entre la suma de la caloría y la multiplicación del carbohidrato, tu vida ya no es más que una ecuación numérica obsesiva alrededor de la comida.

Fase IV

Cada vez estás más fuera de control. La gente te hace demasiadas preguntas. El de la farmacia que te vende los laxantes y diuréticos te ve cada vez más raro. Por las noches, das vuelta en la cama. Nadie te comprende. Ni tu cuerpo mismo. Ya no recuerdas cuando fue la ultima vez que te bajó, pero la verdad, el hecho de que Andrés ya no haga su visita cada mes es más alivio que preocupación. Te distraes haciendo planes y estrategias, como el de tu atuendo del día siguiente. Dos capas de ropa podrían evitar comentarios. "Si, ahí está la respuesta", te dices llena de alivio. Todo es cuestión de darles por su lado. Como fue horrible que te cacharan en una de las visitas nocturnas al refrigerador, contemplas quizá la posibilidad de hacer el "debajo de la cama" o la parte de atrás del clóset un refri alternativo. Sólo un par de cosas, y sólo para casos de emergencia.

Fase V

El desmayo del otro día... Espera, ¿qué día fue? Bueno, como ya te pasa tanto, es difícil llevar la cuenta. Aunque el del otro día sí te metió en apuros porque fue en público. No entiendes por qué la gente te mira tan raro. Tú no estas flaca, estás a la moda. Los demás están ciegos. La gente simplemente no comprende lo mucho que te esfuerzas. Tampoco tienen la capacidad para apreciar tu disciplina: son unos mediocres.

Tus afilados huesos pélvicos que contemplas de perfil al espejo son tu mejor trofeo a la vida. Tú *sí* tienes disciplina. Los demás se engañan a sí mismos, simplemente no desean su sueño lo suficiente.

Pero la verdad es que te sientes sola, confundida y aislada pues ya nada en tu vida es igual; vives en un mundo aparte en el que los hábitos que los demás critican son ya tus únicos y fieles acompañantes de celda. Tienes frío todo el tiempo, pero estás convencida de que haciendo más ejercicio todo volverá a la normalidad. Sientes pánico, pero no te atreves a admitir que tienes un problema. Preferible perder la vida a perder el control sobre tu cuerpo.

Sobra mencionar que mientras más profundamente caes en la fase v, más convencida estarás de encontrarte en la fase I, hasta que un día tu cuerpo dirá "hasta aquí llegué" y en uno de esos desmayos o desbalances de potasio perderás la vida.

Este es el proceso de tu lenta y dolorosa extinción, de lo que vives dentro de este campo de concentración que la sociedad aplaude con tanta admiración...

Tu piel se irá haciendo paulatinamente más anaranjada... ese color tan "chic" que crees que estás agarrando es el resultado de tu hígado soltando tejido a tu torrente sanguíneo. Literalmente estás en la fase de autoconsumo. Tu cuerpo se está comiendo sus propios órganos vitales.

Daños invisibles de la anorexia: los mortales

"Los riesgos más peligrosos que se corren en la anorexia son las anormalidades de electrolitos y fluidos corporales. Estas anormalidades pueden causar la muerte. Las más peligrosas son deshidratación y deficiencia de potasio. Las deficiencias de potasio producen debilidad muscular, distensión abdominal, irritabilidad nerviosa, apatía, confusión mental, sensación de letargo y arritmia cardiovascular, además puede ocurrir la muerte, a causa de falla renal o cardiaca. Estos factores pueden aparecer con mayor frecuencia en anoréxicas que recurren al vómito y al uso de laxantes. No es poco común encontrar desbalances de electrolitos en individuos que al exterior aparenten estar relativamente bien. En muchas ocasiones, la muerte ocurre en pacientes que no parecían estar tan mal ni con un peso alarmantemente bajo".[3]

Identificando síntomas

Es difícil detectar las síntomas de la anorexia en su fase latente pues los cambios externos no son visibles aún y toman tiempo en manifestarse. Los primeros síntomas médicos pueden ser atribuidos a un sinfín de enfermedades.

El comportamiento inicial es muy positivo... Alguien que se preocupa por su cuerpo, que quiere seguir una dieta balanceada, ejercitarse a diario, destacar en su desempeño académico... hasta que poco a poco el orden excesivo, meticulosidad en todo y nula tolerancia al error le

---

[3] *Idem* p. 16.

> Deja de haber una actitud "relajada" alrededor de la comida; todo se vuelve una especie de ritual. Existe una aprehensión, una preocupación, un callado nerviosismo siempre presente... Hay una forma particular de jugar con la comida en el plato...

van dando a la palabra disciplina y autocontrol un nuevo significado. Dado que la sociedad en la que vivimos aplauden estas conductas, para cuando el daño es notorio la enfermedad ya está en fases avanzadas; y en cuanto las consecuencias físicas son ya detectables, la persona se viste con diversos tipos de ropa para disfrazar el problema.

Pequeñas sutilezas a observar

Uno de los síntomas que debemos identificar (tanto para bulimia como para anorexia) es que deja de haber una actitud "relajada" con respecto a la comida; lo espontáneo y suelto se convierte en vergüenza y culpa. El acto de comer se lleva a cabo a escondidas. En la mesa habrá una especie de rechazo al alimento que va más allá de ser melindroso; algo en la actitud podrá ser (si observamos) notorio. Una aprehensión, una preocupación, un callado nerviosismo siempre presente. Una patrón repetido que he encontrado en la anorexia es el temor a siquiera tocar el tenedor con los labios. Hay una forma particular de jugar con la comida en el plato...

Detrás de la forma de mover el tenedor de un lado a otro del plato, va una continua ecuación matemática y la planeación de una rutina posterior. Todo lo que gira en torno a la comida es una especie de ritual. La comida es empujada de un lado a otro de una forma sistemática o acomodada de una forma en particular. Son indicadores muy sutiles. En el desempeño académico habrá una notoria necesidad de ser la mejor, se exhibirá una clara tendencia a la estética y a los ejercicios de precisión y una baja tolerancia al error. Hay un orden y autodisciplina acentuada, compulsiva y obsesiva. Se negará cualquier impulso instintivo por considerar sucio todo lo relacionado con él.

Dado que la anorexia es el profundo deseo irracional de permanecer en el estado de infancia, todo lo relacionado y asociado con la adolescencia es literalmente repudiado.

Dentro del los síntomas sutiles está el claro temor de tocar el tenedor con los labios, por ser éstos de naturaleza sensual. Debido a que la anorexia es la negación y supresión del instinto en todo momento y a toda hora, éste tiende a hacerse presente y resurgir de forma más obsesiva, como en el caso del tenedor.

En mi plática con una chica con anorexia infantil, le hice mención a su –casi imperceptible– peculiar forma de comer. "Tus labios nunca tocan el tenedor", le comenté, "es como si estuviera sucio. ¿Lo estaba?", le pregunté. "No", me dijo ella de mala gana. "Ah", continué, "porque me dio la impresión de que tu expresión, al introducirlo en la boca, era de asco y horror". La chica me volteó a ver con un odio implacable: "Yo no pienso en esas cochinadas... Meterme el tenedor a la boca no es lo que tú estás pensando". Y salió corriendo.

Lo irresistible de lo prohibido

Haz algo prohibido y lo volverás objeto de tu deseo...

Mientras más tipos de comida anotes en la lista de alimentos prohibidos, con mayor fuerza regresarán tus instintos a pedírtelos como un animal hambriento.

Por este motivo, el comportamiento irracional de la anoréxica de comer comida del basurero teniendo a su alcance un refrigerador repleto no es tan sorprendente.

Cuando el instinto ha sido tratado como un animal hambriento, como tal se comportará. Esta vertiente se manifiesta en casos extremos y después de periodos prolongados de enfermedad profunda, por lo general cuando el paciente ya tiene más de 30% por debajo de un peso sano.

Anorexia en edades infantiles

Las edades cada vez menores en las que la anorexia se ha infiltrado es alarmante... Estudios preliminares apuntan como factores:

El medio socio-cultural: globalización de medios de comunicación, mal uso de campañas publicitarias.

El entorno familiar: presencia de ambos padres en extremo perfeccionistas; madre con algún tipo de obsesión por la delgadez, ya sea siéndolo o alabándolo (probablemente con un desorden alimenticio propio aún sin reconocer), con tendencias alcohólicas o cualquier otro tipo de adicción; énfasis de ambos padres en la vida ideal y preocupación continua por la "apariencia perfecta". Inexistente tolerancia de ambos padres ante lo imperfecto, ambiente social rígido y superficial. Padre ausente o intermitente.

Quizá la enfermedad se desarrolle y los síntomas corporales no se registren de inmediato, pero la etapa crítica ocurre al sentir que la llegada de la pubertad. Dado que toda la valía reside en "la niña perfecta", la niña querrá serlo para siempre; entrar a la fase de confusión de la adolescencia es un paso aterrorizante; la anorexia es una forma de aferrarse a un estado de falsa seguridad que la condición de niña proporciona, y salir del estado de infantilismo es en sí tan temido como la muerte misma.

Un caso hipotético

La hija de Barbie y Kent

Tomemos este ejemplo. Una mujer sufrió anorexia ligera en su adolescencia, la cual se transformó en bulimia al entrar a la edad adulta con la enfermedad "controlada" (quizá aún en el closet) al tener la adicción repartida en tabaquismo y alcoholismo "social". Quizá haya tomado tratamiento (no por convencimiento, sino porque alguno de los síntomas salió de proporción; por un susto, que una vez aliviado, le permitió regresar a su ilusión de "todo está bajo control") o quizá no, pero el meollo del asunto sigue siendo una cuestión sin atender. Muy probablemente, esta chica se case con el mejor partido que perpetúe su ilusión de perfección; el hombre de mayor estatus social, con los logros más destacados... Un multi-logros, justo como ella, uno que seguro la mantendrá en cintura, pues ella es su trofeo. Él tiene el mismo delirio de perfección que ella, sólo que lo manifiesta de forma diferente. Ambos guardan sus oscuros secretos en las profundidades más recónditas de sus respectivas sombras*, porque el suyo es un matrimonio de una careta de perfección con otra.

Ante los ojos de la sociedad son la pareja perfecta, ambos atractivos y en forma; él es un exitoso ejecutivo, ella siempre al último grito de la moda. La casa, los viajes, todo es de "ensueño". Se creen y de hecho a menudo son la envidia de todos los que están sintonizados a la frecuencia Barbie y Kent y el mundo de *Sillicon Valley*.

Para seguir llenando el molde de perfección, la familia es un paso esperado por ellos y por todos aquellos que los rodean. Los hijos nacen en un ambiente rígido, sin tolerancia al error y con parámetros sobrehumanos; por lo que ya desde antes de nacer, existen expectativas de lo que debe ser *"si es niña"* o *"si es niño".*

El universo familiar está rodeado por un ansia desmedida de ser perfecto y estar bajo control en todo momento y a toda hora... Ese ambiente de la persecución perpetua de ideales pone en los niños todo tipo de presiones, empezando por ser lo que papá y mamá, y todos en su círculo, piensan que es el camino "correcto", el "camino del éxito".

La hija tal vez sea la última careta de perfección de la madre; la versión de sí misma que sí podrá con lo que ella aún no. No debe sorprendernos entonces que la edad registrada como más temprana en casos de anorexia en fase grave sea de 8 años. Es una anorexia con la que se nació prácticamente, un molde prefabricado.

Cuando la anorexia aparece en edad tan temprana, es necesario que los padres reciban ayuda también para ubicar las áreas en donde están presionando y sosteniendo la perpetuación del delirio de perfección. No hay forma alguna de ayudar si el ambiente en el que la niña vive no mejora, por lo menos en su entorno familiar inmediato. Para el tratamiento de anorexia infantil la terapia familiar es tan o quizá más determinante que la individual. La plena participación de los padres, por lo menos uno de ellos, (o bien, la figura que la niña ubique como adulto de su confianza, un profesor, una tía, alguna amiga de la mamá) es crucial para el éxito del tratamiento.

Ana y Ana 1

Existe un punto crucial que divide a la anorexia en dos. La que tiene episodios bulímicos (ciclo atracón-purga) como síntoma de apoyo y la que no. Por lo general la anorexia sin presencia de bulimia como síntoma de apoyo tiende a ocurrir con mayor frecuencia en edades más tempranas, o la infancia. La anoréxica que no padece bulimia como síntoma tiende a ser en exceso ordenada, mientras que la otra se da más al impulso. La primera se mantiene en una niñez perpetua, mientras que la segunda vive una adolescencia desenfrenada que la lleva en la edad adulta a tendencias alcohólicas e incluso suicidas. El estudio Casper[4] demuestra que la depresión y conductas de auto-mutilación también están presentes en la anorexia con bulimia como síntoma de apoyo.

De la anorexia con episodios bulímicos surge, en 87% de los casos[5] la bulimia como enfermedad, transformando a la anorexia en síntoma de apoyo. Mi caso cae dentro de esta estadística. Dado que el ciclo purga es adictivo, la fase anoréxica es detenida, no por consentimiento ni por decisión propia, sino por la naturaleza misma del actor que comenzó a llevar las riendas del juego; en este caso, la purga.

> Las estadísticas comprueban que la autoestima es siempre menor en la anorexia con episodios bulímicos, y que posteriormente es fácil desarrollar tendencias alcohólicas y suicidas.

---

[4] Archivos de psiquiatría general.

[5] Neuman-Halvorson, Anorexia Nervosa and Bulimia, A Handbook for Counselors and Therapists, p. 47.

Lista comparativa entre Ana y Ana 1

Anorexia	Anorexia 1
Anorexia **sin atracón-purga** (bulimia) como síntoma de apoyo	Anorexia **con atracón-purga** (bulimia) como síntoma de apoyo
1. Origen de la enfermedad a edad más temprana	1. Origen de la enfermedad a edad más tardía
2. Autodisciplina fanática	2. Dominio de los impulsos • Uso de alcohol • Suicidio y automutilación • Recurrencia frecuente al vómito • Uso de laxantes y diuréticos
3. Depresión casi imperceptible	3. Depresión acentuada, culpa y ansiedad
4. Poco sociable	4. De sociable a muy sociable
5. Sexualmente desinteresados	5. A menudo sexualmente activos
6. Hiperactividad (hasta que la enfermedad esté ya muy avanzada)	6. Presencia de fatiga moderada
7. A menudo con frío, presión baja y pulso vascular bajo	7. Calor físico (después del atracón)
8. Fase de sueño reducida pero estable	8. Alternancia acentuada de patrones de sueño
9. Negación del hambre	9. Apetito desmedido en ocasiones sin la presencia de hambre
10. Sobreconscientización de cada bocado que entra a la boca	10. Ingestión de alimento a gran velocidad
11. Baja existencia de obesidad por lado materno	11. Mayor existencia de obesidad por lado materno
12. Bajo peso antes de la enfermedad	12. Peso normal o incluso sobre peso antes de la enfermedad
13. Negación de conflicto alrededor del tema comida	13. Conciencia de que los patrones de alimento son anormales

Anorexia	Anorexia 1
14. Continua, progresiva y paulatina perdida de peso	14. Fluctuaciones de peso acentuadas
15. Despreocupación por ser atractivo	15. Gran énfasis en apariencia física y preocupación por tener éxito con el sexo opuesto
16. Curso de la enfermedad puede ser un solo capítulo, pero prolongado	16. Curso de la enfermedad casi siempre crónico e intermitente por un lapso de varios años, incluso décadas.
17. Quejas somáticas bajas	17. Quejas somáticas altas (dolores de cabeza, problemas estomacales y mareos)
18. Mejor relación con el padre	18. Mala relación con el padre como norma
19. Renuencia a tratamiento	19. Más apertura a tratamiento (debido a la severa fluctuación de estados de ánimo)
20. Ingestión sólo de alimentos bajos en grasa y en calorías	20. Ingestión de comida con alto contenido calorífico durante atracones[6]

Síntomas físicos

1. Amenorrea (detención del ciclo menstrual)

2. Constipación y molestias abdominales frecuentes

3. Anormalidades dermatológicas:

- Lanugo, un pelo fino, tipo pelusa que comienza a aparecer en el cuerpo;

- decoloración anaranjada debido a la presencia de carotina en la sangre

---

[6] *Idem*, p.18.

4. Pérdida del pelo y piezas dentales

5. Paro cardiaco y renal

Enfermedades derivadas:

- Cáncer en el esófago

- Candidiasis[7]

Causas

Hasta la fecha nadie sabe a ciencia cierta la etiología exacta de la anorexia, pero los estudios apuntalan a la combinación de los siguientes factores:

- Situaciones de vida estresante y presionantes: los expertos afirman que la anorexia se gesta dentro de un cultivo de alteraciones en la vida con las cuales el sujeto no puede y le causan dificultades para acoplarse.

- Falta de autoestima

- Adolescencia: la anorexia es, en la mayoría de los casos, un asunto de la adolescencia que surge ante la falta de habilidad para responder a los intensos cambios de la misma.

- Ambiente socio-cultural: la enfermedad se presenta como reacción al síndrome "súper-mujer" de nuestra era contemporánea y como reacción a la influencia

---

[7] *Idem*, p. 17 Weitzner, A., *El ABC de los desórdenes alimenticios*

de un ambiente con altas expectativas. La moda, que claramente erradica las curvas en la mujer desde hace 20 años, también es un factor cultural preponderante.

- Predisposición biológica.

- Asuntos familiares: los estudios apuntan hacia la presencia de una figura materna rígida, poco afectiva, inflexible y con fuerte voluntad de imponer sus expectativas y una figura paterna ausente o intermitente. En ocasiones hay la presencia de diabetes materna, alcoholismo, depresión y obesidad, aunque no hay resultados concluyentes establecidos.[8]

Criterio de diagnóstico

Según el Manual de Diagnóstico y Estadística de Desórdenes Mentales (DSM-IV), estos son los puntos de diagnóstico:

- Miedo intenso a ser obesa, que no detiene el proceso de pérdida de peso.

- Distorsión de la imagen propia.

- Estar por debajo del peso sano en 20%.

- Renuencia a mantener un peso normal.

- Inexistencia de una enfermedad física a la cual atribuirle la pérdida de peso.

---

[8] *Idem*, pp. 24-29

Un toque "real" al vómito: bulimia, fatídica mancuerna atracón-purga

La prisión mental de Mía la Arpía

El mantra: puedo darme mis escapadas y salirme con la mía.

El lema: seré feliz cuando sea "X" talla.

Fantasía predilecta: mi vida será mejor cuando lo logre.

Gran amigo y confidente: el atracón.

Aliados secretos: anfetaminas, diuréticos, laxantes.

Desubicación geográfica: la felicidad habita en "X" marca.

Continúa ⇨

Un toque "real" al vómito

⇨ Continuación

Confusión métrica: comerme una rebanada de pastel a comérmelo entero es exactamente lo mismo.

Mentira favorita: ésta es la última vez que vomito.

Mía siempre busca compañía

Definición: hambre de buey (del inglés *ox hunger*)[f]

No será difícil recordar como la prensa siguió y escandalizó con el problema de la Princesa Diana durante la década de los noventa. Los desórdenes alimenticios, la bulimia en particular, adquirieron una popularidad que se tradujo en la aceptación del problema en ciertas esferas sociales como "algo que le sucede a las mejores personas". Después de todo, si alguien tan glamoroso como ella vomitaba, entonces no podía ser tan desagradable.

Pero la verdad es que no sólo es repugnante, sino también degradante... Cada vez que vomitas, logras dar escape a tus sentimientos de culpa e ira reprimidos, pero entre toda la comida también se van las migajas de autoestima que te quedan.

Vives tratando de complacer a los demás y llenando huecos... con el temor constante de que cuando la gente en verdad te conozca, ya no querrá ser tu amiga. Aunque aparentas ser sociable, tu vida es una serie de "soledades acompañadas". Buscando gratificarte, visitas frecuentemente a tu cuate el atracón, pero la realidad es que no existe placer alguno en la comida, aunque llegues a ingerir kilos y kilos en una sola sentada. La verdad es que después

---

[f] Ira Sacker, *Dying to be Thin*, 1987, p. 23. Hasta 1970, la bulimia era considerada sólo un síntoma de anorexia, mas no una enfermedad en sí misma. A partir de la publicación del DSMIII , en 1980, la bulimia es considerada una enfermedad distinta.

de dos mordidas, podrías estar comiendo ladrillos y te sabría igual. No comes. Literalmente deglutes a velocidad vertiginosa cantidades industriales de comida con tal de llegar al punto de explote y alivio... pero tristemente en algún punto te darás cuenta de que no hay purga lo suficientemente severa que expulse de ti todo el dolor e ira contenida.

La catarsis por medio de purga, la parte más adictiva del ciclo

Es común pensar y asumir que la parte purga del episodio bulímico sólo sirve como solución a la gratificación pasajera que proporciona el atracón, mas no se ve como la gratificación al considerarse repugnante. Es una válvula de escape a las emociones más predominantes, una forma de destapar y liberar sentimientos de dolor y agresión, siendo este el beneficio oculto, "el punto ciego" manipulador y propulsor del ciclo.

Así pues, los sentimientos de nerviosismo, enojo, angustia y rabia que llevan a comer compulsivamente son reemplazados por los de degradación, minusvalía y tristeza. Aparte de deshacerse de la comida, se vomita el autorrepudio, frustraciones, ira y dolores contenidos..., en otras palabras, literalmente se vomita la propia existencia y todo lo que está mal dentro de ella...

El vómito es un acto catártico, que te dará en un principio una sensación de alivio y liberación...

Posteriormente quizá te sentirás más relajada, menos "al borde de explotar", pues lo que buscabas era un ventilador para tu ira. El proceso de purga por medio del vómito funge como válvula de escape para una serie de sentimientos reprimidos muchos años atrás. Por eso se vuelve un ciclo tan adictivo. Como reforzador de tu adicción, como mancuerna de soporte, está la fantasía, consciente o no, de que no subirás de peso, por más que comas.

Identificar a la purga como el propulsor y gratificante predominante del ciclo es crucial para la prevención de las caídas...

Así como en el caso de la anorexia, existe un serio problema con tus instintos, sólo que tú oscilas entre la negación y la aberración, o bien, sólo estás en la aberración.

Mientras más catalogas la comida entre alimentos prohibidos y permitidos, tus instintos reprimidos, como lobos en una cueva, saldrán disparados hacia la satisfacción de aquello que está prohibido.

Es probable que, al principio, durante el día te comportes como tu yo aceptable y puedas actuar desde tu yo consciente* comiendo sólo alimentos de la lista permitida. Es pues fácil entender por qué muchas veces los atracones ocurren durante la noche. Despiertas de tus sueños, en donde seguramente reproduces una fantasía ilimitada en donde sacias todos y cada uno de tus instintos de alimentos prohibidos.g

Tú sola comienzas a desconocer los extremos a los que eres capaz de llegar. Después del incidente, cuando tienes que deshacerte de los paquetes y paquetes de comida, se te hace raro que la cantidad de bultos que podrían alimentar a una pequeña familia un par de días a ti sólo te duran un par de horas.

> Sabes que no es normal. Lo que no sabes es cómo contarte a ti misma la historia de por qué haces lo que haces y por qué lo haces tan rápido…

---

g Durante la noche, tu nivel de serotonina está en su punto más bajo, haciendo casi imposible no incidir. Es importante entender el papel que juega la serotonina.* (Glosario y Tercera parte)

En esta incomprensión nace tu autoengaño, el "no pasa nada"; el "sí tengo un problemilla por ahí, pero bueno, ya se irá tan misteriosamente como llegó".

Los encabezados o la información que secretamente has buscado manejan una serie de cifras y consecuencias médicas que estás segura jamás te pasarán a ti... Te ves al espejo. Te ves normal. "A la gente le encanta exagerar", te repites a ti misma.

Pero "el problemilla que solito se iría" te está quitando cada vez más y más tiempo... En los puestos de comida te conocen ya por nombre, y aunque el dueño quisiera ser amable contigo y descubrir qué es lo que te gusta para tenértelo listo al día siguiente, tú sólo le contestas que lo que tenga en *ese* momento es lo que a ti *más* te gusta.

...En caso de que no te hayas dado cuenta, tu vida ya no es tuya, es de Mía... Vas y vienes, vas y vienes, comiendo, purgándote, corriendo a esconder las evidencias... y vuelves a empezar... quizá ves la locura de tu conducta, pero ya no sabes cómo detenerte.

Lo que no se ve de la bulimia

Mientras que en la anorexia las consecuencias físicas alarmantes son muy notorias, en la bulimia son, en la mayoría de los casos, imperceptibles. "De hecho, en la bulimia, el rango de mortandad se encuentra precisamente entre personas que aparentaban y todavía llevaban una vida normal".[9]

Es importante reconocer que la presencia de la bulimia no quiere decir que no existan hábitos "aparentemente" normales de comida. En ocasiones hay periodos –exten-

---

[9] Sacker, Ira, *Dying to be thin.*

didos a veces por meses– de "comer normal". Pero este concepto de comer normal es sinónimo de comer perfectamente, una dieta súper balanceada, de la cual no te sales en ningún momento. En el momento que das un paso en falso, te desatas sin control... La mentalidad de todo o nada. Blanco o negro. Lo que parecía ser una trayectoria perfecta de meses, en dos segundos se fue; y lo que en dos segundos se fue, te durará días quizá. Esto es lo grave de las caídas tras periodos de "buen comportamiento".

...En los puntos más negros de mi estancia en esta fase recuerdo claramente periodos así. Semanas de comer bien, hacer ejercicio sin exagerar, todo al pie de la letra, pero en cuanto daba el más pequeño desliz, me desataba de forma incontrolable. Los ciclos atracón-purga se volvieron tan severos, que desmayarme en baños públicos se convirtió casi una rutina. Nunca olvidaré el día en que me desperté en la confusión absoluta de qué hora era, en dónde estaba y qué había pasado, hasta recordar lentamente cómo había llegado a ese baño en el que me había quedado encerrada ¡toda la noche!

Me encantaría poder decirte que medité profundamente durante mi encierro aquella noche, pero mis horas se fueron en seguir comiendo lo que me quedaba y seguir vomitando hasta que ya no quedaba nada, ni en los paquetes que había comprado ni en mi estómago. Las horas restantes las invertí en construir la historia más fantástica que le contaría a la persona que me abriría en la mañana. "Horas mal gastadas", pensé después. Finalmente, la solución era esconderme, esperarme a que abrieran, dejar que entrara un poco de gente en la tienda y luego irme sin dar explicaciones a nadie. Ni siquiera a mí misma.

En verdad, en esta enfermedad puedes hacer del autoengaño una elaborada obra de arte...

Fases

Las cinco fases que a continuación describo ilustran las sutiles etapas, imperceptibles desde adentro, dado que caes en una espiral por la cual desciendes a velocidad vertiginosa.

Fase I

La recepción de bienvenida, la antesala del infierno de la adicción... Quizá tú vas y vienes, "juegas con fuego" y no te quemas... aún. Aparentemente y en primera instancia, sí, así es, pues precisamente en esta aduana del descenso sentirás que estás en la cima del mundo. Te das los gustos con toda aquella "comida prohibida" a la vez que bajas de peso y obtienes una serie de elogios y alabanzas por el aparente buen estado físico y los kilitos menos.

Esta fase es manipuladora, engañosa y seductora. Después de todo, qué forma tan eficaz de matar tantos pájaros de un tiro: tienes gratificación física, desahogo anímico, evasión emocional, anestesia para tu conciencia sin mencionar el más importante de los gratificantes: la alabanza y la aprobación de la gente.

Si es que ya desde este punto estás recurriendo a algún supresor del apetito, particularmente la anfetamina, sentirás que las puedes de todas, todas... Tienes toda la cuerda del mundo. Sí, quizá no te sentías cómoda con la idea de recurrir a fármacos, pero si el médico las da, o si con la pura receta te las venden, pues ¿qué tan malo puede ser? Sí, provocarte el vómito es repugnante, pero un precio bajo que pagar por todo aquello que recibes; finalmente, nada en la vida es totalmente gratis y aunque te costaba trabajo, mientras más lo practicas, más fácil se vuelve...

¿Correcto?

Sin embargo, verás que precisamente porque es **tan** gratificante, reincidirás cada vez con más frecuencia. Siempre tendrás la justificación perfecta para darte la oportunidad de hacerlo una vez más y la firme convicción de que sólo en ésta ocasión te harás dichas concesiones...

Y ahí vas...

Tu cuerpo sigue "respondiendo" de la forma en la que tú deseas. Aquí, abre los ojos, si eres honesta y sabes que ya llevas un rato, detente a ver todas las demás áreas de tu vida. Verás que ya es notorio el cambio.

Te alejaste quizá de las personas que sentías "que se las olían" y fabricaste la situación perfecta para justificar su salida del escenario...

Tus calificaciones escolares o tu destacado desempeño profesional, a los que antes llegabas sin sudarla, ahora ya te cuestan.

Toda tu fuerza se va en suprimir y en huir de lo que estás haciendo; agotas tu disponibilidad intelectual... Tu desempeño ya no es igual. Tu obsesión está comenzando a drenar tus capacidades mentales y emocionales.

Tu cuerpo hará lo que un organismo sano debe hacer: defenderse poniendo una serie de resistencias...

Fase II

Tu cuerpo gradualmente irá creando adicción a la anfetamina (o a cualquier tipo de supresor del apetito al que estés recurriendo, si es que lo haces). Las anfetaminas que te daban una claridad mágica ahora te con-

> En esta aparentemente "beneficiosa fase", el precio ya lo estás pagando, aunque no lo veas... comenzará la angustia, pues el cuerpo se habituará al castigo y dejará de responder...

funden… No sabes si ya la tomaste, si fue antes o después del vómito; pero si fue antes, "pues igual y ya valió". Vas, vienes y, como no estás segura, ¡pop!, ahí por si las dudas, te metes la otra pastilla. La acción de reflejo del vómito comenzará a levantar defensas también. Mientras que antes la pura idea de provocarte el vómito te daba nausea, al paso del tiempo, tendrás que introducir tus dedos con mayor profundidad en tu garganta. Llegará el punto en el que te costará mucho trabajo lograrlo. Esto, la idea de "quedarte con la comida" en el estómago y todas sus posibles consecuencias te hacen recurrir a laxantes.

Esta fase ya no te parece muy cómoda, pero sigues, porque aunque sí te está costando más trabajo producir el resultado deseado, crees que con esfuerzo de tu parte regresarás a la fase anterior.

Todo es cuestión de echarle más ganas…

Aquí ya estás nadando contra corriente, y por aquietar y evadir la angustia que esto te provoca, reproduces el ciclo ya de forma habitual. El ciclo atracón se hace más frecuente y desmesurado, y el ciclo purga cada vez más severo. En éste punto confundes seriamente a tu sistema digestivo pues no le permites llevar a cabo un ciclo de principio a fin. El dolor constante ya es tu forma de vida. El primero en quejarse es el intestino. Ya no quiere trabajar por él mismo. Ya lo volviste flojo. Por lo tanto, te empiezas a meter una cantidad despiadada de laxantes, lo que trae un desbalance de electrolitos. Ya no sabes si la anfetamina

> La idea de "quedarte con la comida" en el estómago y todas sus posibles consecuencias te hacen recurrir a laxantes… Te está costando más trabajo producir el resultado deseado… para aquietar y evadir la angustia que esto te provoca, reproduces el ciclo ya de forma habitual.

te la tomaste antes o después del vómito, con la comida o si se te coló entre laxantes. Tu cuerpo empieza a variar de dimensiones debido a notorias retenciones de líquido; puedes cambiar drásticamente de volumen de un día a otro y, en casos extremos, de una hora a la otra.

Te empiezas a poner muy nerviosa. Los pantalones te quedan un día, al día siguiente no, al tercero sí, pero luego otra vez ya no. ¿Qué onda?, ¿Qué esta pasando?

Fase III

Algo no está saliendo como tú pensabas... Te sientes "abotagada", pesada, como con una nube permanente que parece estar dentro y sobre tu cabeza. Como con una neblina interior. Esta sensación es producto de un desbalance fisiológico que te afecta física y mentalmente. Como te sientes llena de agua, "fofa" y con las manos y los pies constantemente hinchados, decides que hay que meter disciplina y medidas un poco más severas. Comienza el peligro físico irreversible: el uso de diuréticos.

> Las dimensiones de tiempo son confusas y difusas. Ya no te acuerdas bien cuándo hiciste qué... vives en un estado permanente de mareo...

Entre anfetaminas, deshidratación e inanición empiezas a sentirte ya bastante aturdida... Las dimensiones de tiempo son confusas y difusas. Ya no te acuerdas bien cuando hiciste qué... qué pastilla fue antes, cuál después. Se te fue la fecha del examen o una junta importante de trabajo... Te molestas con alguna amiga por no haberte recordado..., pero más te confundes cuando ella te contesta aún más enojada que sí lo hizo, ¡varias veces!

En éste punto es donde tus relaciones interpersonales sufren tremendamente pues ya habrás sacado de tu vida a cuanta persona haya tratado de persuadirte contra tu

master plan; comienzas a volverte notoriamente retraí-
da. Comienzas poco a poco a distanciarte y disociarte
de todo y todos. Como ya existe un desbalance severo,
vives con un estado permanente de mareo. La energía que
consume tu organismo para "mantenerte en pie" es cada
vez mayor...

Fase IV

Tu continua disociación y desapego de tu entorno acen-
tuará tu vacío y desesperación. Nadie, sobre esta tierra,
te entiende... ni tu cuerpo mismo. Esto ya es un empleo
de tiempo completo. Tienes dolor físico permanente...,
dolores de cabeza. La vida, literalmente, es un eterno dolor de cabeza. El consumo de laxantes y diuréticos es ya
por puños llenos. En las noches, cuando no tienes más
voluntad y comes, quizá tu mismo organismo te lleve a
un sueño incurable de agotamiento, pero te levantas por la
madrugada a hacer ejercicio para cobrarte la infracción.

El estado de mareo te comienza a sacar de control. Te
desmayas cada vez con mayor frecuencia. Es
casi imposible mantener tu secreto...

¿Cómo llegué hasta aquí? Hace no mucho todo parecía estar bajo control... ¿Fue hace mucho o hace poco? El tiempo cobró otra dimensión. Vives en una obsesión que ya se apoderó de ti.

Tu estado de mareo tiene un notorio reflejo en tu desempeño intelectual, ya sea
en la escuela o el trabajo. Maestros y jefes
comienzan a llamarte la atención. Poco a
poco te vas sintiendo descubierta...

En medio de la ola en la que te ahogas
piensas: "Cómo llegué hasta aquí? Hace
no mucho", tratas de recordar, "todo parecía estar bajo control... Espera, ¿fue hace
mucho o hace poco?" El tiempo para ti ya
definitivamente cobró otra dimensión. Vives
en una obsesión que ya se apoderó de ti y
una parte de ti lo sabe, pero mientras más

huyes de esta parte porque la pura idea de reconocerlo te provoca pánico, más control sobre tu vida tratas de ejercer; y mientras más lo haces, más te hundes. Tratas de huir de ti, pero a donde quiera que vas, ahí estás.

Como tu estado de angustia interior es ya incontrolable, quizá recurras a pastillas para calmarte y conciliar el sueño.

Fase V

No sabes qué está pasando exactamente, pero tu vida poco a poco la empiezas a ver "desde afuera"... como si esa que hace todo esto ya no fueras tú... Tu perfeccionado sistema de autodestrucción va solo, como en piloto automático. Ya no encuentras tiempo para otro que no sea tu amo: el atracón-purga. Cada momento del día tú estas con él. Vives pensando cómo te saldrás de la clase, bajarás a la cafe y en qué rincón te esconderás a comer, qué le dirás al maestro, dónde vomitarás, dónde esconderás las evidencias, qué historia contarás si alguien te ve... pero lo difícil es que ya no te acuerdas qué le dijiste a quién o cuándo. Estas exhausta, ya en el fondo de ti sabes que te metiste en algo que ni tú misma sabes qué es o cómo pasó; pero pasó, y ya no aguantas. Ya no sabes qué te duele más, si la garganta, el estómago, la espalda o la cabeza.

Es justo en este punto donde las tendencias suicidas se convierten de tentadoras a obsesivas; el abuso del patrón atracón-purga/abstención de alimento está en desenfreno absoluto; los laxantes y diuréticos se convierten en medios y en fines, pues llegas a consumir una cantidad tal, que igual y en un golpe de suerte hasta pierdes la vida.

> Una parte quisiera seguir luchando por encontrar la salida del laberinto, pero por más que lo intentas sólo consigues regresar al punto de partida...

Ya sacaste tu número y sólo es cuestión de que lo llamen; si ya para ti ingerir un puño de laxantes, diuréticos, pastillas para adelgazar y para dormir todas revueltas es algo que no tiene importancia, odio decírtelo, pero tu número bien podría ser el siguiente.

Transferencia de adicciones

Puede ser que tú te encuentres en la fase I y aparentemente no te muevas de ahí. Me encantaría poder decirte que eres la excepción a la regla de las adicciones que van siempre en aumento... pero no lo eres y nunca lo serás... las adicciones son el infierno de "siempre un poquito más".

Probablemente repartes tu problema en diferentes adicciones y las vas turnando. A veces fumas mucho, otras tomas mucho, sales mucho, "ligas" mucho. Te das cuenta de que has vomitado mucho recientemente y te propones parar un poco. Para calmar tus ansias y acallar el hambre, tomas, hasta que te das cuentas que has tomando demasiado y decides "bajarle" al alcohol, pero para aquietar tu hambre de evasión, comes. Probablemente tengas un tercer elemento como el cigarro que te ayuda a "ir balanceando la cosa".

Alguna de ellas, según la que más gratificante represente o más pájaros de un tiro mate, tomará la batuta y las demás se mantendrán en segundo término, mas no desaparecerán. Se convierten en adicciones de distracción, para cuando tengas que darle un respiro a la más importante. Tendrás siempre una adicción en el papel principal, con muchas de reparto.

Aunque sientas que todo está bajo control, las demás áreas de tu vida sufrirán cambios negativos, lo cual sólo logrará que visites tu repertorio de adicciones más y más seguido.

Transferencia de modelos devaluatorios

Como clarifica el doctor S. Peele en su libro *How Much is too Much*, "la experiencia adictiva es devaluatoria y no hay goce durante la incidencia, mas lo que sí es placentero de la adicción es la ausencia y evasión de sentimientos que llevan al dolor".

Por ello, en los casos en los que la bulimia parece no ir en aumento, es porque la necesidad de devaluación y sed de evasión está siendo sustentada y satisfecha por la presencia de otros actores... Cigarro, alcohol, relaciones destructivas, malos empleos y la asociación con todo aquello que le dé escape al sentimiento de autorrepudio y necesidad inconsciente de castigo.

Características de una experiencia adictiva:

- erradica la conciencia de lo que aflige a la persona

- perjudica las demás áreas de la vida, por lo que la persona recurrirá más y más a la experiencia como única fuente de gratificación

- baja la autoestima

- no es algo placentero; no hay nada de placentero en el ciclo de adicción, la satisfacción reside en la evasión y anestesia al dolor

- es predecible, creando un sentimiento de falso control[10]

---

[10] Peele, S., *How Much is too Much*, p. 74.

Consecuencias físicas

Además de la depresión paulatina o repentinamente creciente, y la muerte por causa directa o indirecta, los siguientes daños son comunes:

- Indigestión crónica

- Cara, manos y pies hinchados

- Infecciones urinarias

- Fallo renal (**causa de muerte**)

- Fallo intestinal

- Esofagitis (desde desgarro a ruptura)

- Hernias hiatales

- Desbalance de potasio y electrolitos (**causa primordial de muerte junto con suicidio**).[11]

Criterio de diagnóstico

a. Episodios de atracón recurrentes (consumo rápido de cantidades masivas de comida en un tiempo corto, por lo general menos de dos horas).
Por lo menos tres de las siguientes:

- Consumo de comida alta en calorías.

---

[11] Neuman-Halvorson, *Anorexia Nervosa and Bulimia, A Handbook for Counselors and Therapists*, 1983, Van Nostrand Reinhold, p.36.

- Aislamiento durante atracón.

- Finalización del atracón como resultado de dolor abdominal, sueño, interrupción por alguien que llegó o vómito provocado.

- Intentos repetidos por bajar de peso a través de dietas restrictivas, por medio de vómito inducido y uso de laxantes o diuréticos.

b. Constante fluctuación de más de 5 kg. en el peso debido a la alternancia entre atracón y ayuno.

c. Conciencia de que los hábitos alimenticios son anormales y temor por no poder dejar de comer voluntariamente.

d. Depresión y pensamientos de devaluación propia posteriores a la purga.

e. Comportamiento bulímico no atribuible a ninguna otra enfermedad (Fuente: Manual de diagnóstico y estadística de desórdenes mentales (DSM-IV).

Cuadro comparativo entre anorexia y bulimia

Anorexia	Bulimia
1. Renuencia a mantener el peso mínimo recomendado	1. Peso de normal a casi normal. Podría haber sobrepeso
2. Afecta a un rango de menor edad	2. Afecta a un rango de mayor edad
3. Pérdida de ciclo menstrual	3. El ciclo menstrual puede o no ausentarse; irregularidades comunes
4. Distorsión de imagen corporal propia	4. Concepto de la imagen corporal dentro del parámetro real
5. Negación rotunda de la existencia de un problema con la comida	5. Reconoce que sus hábitos de comida no son normales
6. Más control sobre ella misma	6. Mayor impulsividad
7. Vómito poco frecuente	7. Ciclo atracón-purga habitual
8. Rituales a la hora y alrededor de la comida (forma de jugar con la comida en el plato) notorias	8. Aparentemente no hay nada fuera de lo normal y se ingiere una cantidad normal durante la comida en público, mas sí existe una callada ansiedad si se observa bien.
9. Índice de mortandad de 5 a 26%	9. Índice de mortandad estimado de 3-19%

Fusión de los trastornos alimenticios

Los trapitos de Ana y Mía: síntomas, procesos de pensamiento y sutilezas en el comportamiento

El lenguaje silencioso de la anorexia

El tenedor funge en ocasiones como varita mágica... o como un instrumento con el que se dicta todo un diálogo interior. Lo que para todos es algo normal, ver a un niño(a) moviendo el tenedor de un lado a otro o golpeándolo ligeramente en el plato, lo que hay detrás es algo similar a variaciones de este proceso de raciocinio:

...Por cada chícharo que coma haré una abdominal, los chícharos son chicos y no pesan, los chícharos son mis amigos... los chícharos de la derecha no deben tocar a los de la izquierda; si muevo el tenedor y el chícharo se mezcla con las zanahorias entonces es la señal para dejar de comer... "toc" hace el tenedor, ayer dije que tenía mucha tarea, "toc" vuelve a hacer el tenedor, hoy diré que comí el lunch demasiado tarde, "toc"... qué fácil es salirme con la mía.

Cada "toc" del tenedor puede ser todo un diálogo interior, con cada "toc" se van firmando una serie de acuerdos y trazando rutas mentales; cada vuelta del tenedor sacia y corresponde a una fantasía particular alrededor del posible castigo que se aplicará si llegara a comer aquello con lo que está jugando. La persona casi no hablará durante la comida, no puede, esta hablando con sí misma todo el tiempo. Multiplicando, dividiendo, planeando...

La anorexia requiere un estado constante y agudizado de concentración, aunque no exista dialogo exterior durante la comida; existe plena ubicación de lo que está sucediendo alrededor de la mesa, para estar en alerta y siempre lista para dar la respuesta correcta que permita continuar el diálogo interno.

Si sospechas que tu hija(o) está teniendo este tipo de diálogos internos, te tengo dos buenas y una mala noticias. La mala: sí, es probable que tu hijo esté en el proceso de firmar una serie de acuerdos en cuanto a lo que debe pesar y más allá; acerca de lo que está bien, lo que está mal, el eterno "si me como esto... entonces haré aquello..." Está trazando la ruta mental de la recompensa y el castigo por medio de algo que en esencia es un sinónimo de amor: la nutrición. Si no hay un bajo peso, la situación aún está en fase de gestación. La buena noticia: Estas *muy* a tiempo. Una terapia de programación neuro lingüística que le haga trazar nuevos mapas mentales, antes de que estos ya se hayan consolidado, te dará resultados magníficos.

Ahora la muy buena: alguien que puede ser capaz de sostener tantos diálogos internos y mantener el centro de atención mental dirigido y enfocado por largos periodos de tiempo puede ser un políglota e intérprete simultáneo nato.

El éxito de la observación

Por favor, ten cuidado y pon atención en este punto... Si asumes una posición de investigación policíaca, lo único que lograrás es mandar todos los síntomas a la remisión inmediata... No desaparecerán. Sólo regresarán con más fuerza. Un síntoma tiene como misión sostener un síndrome y éste encontrará la forma que sea para mantenerlo. No quieres ahuyentar los síntomas, al contrario, los quieres invitar a platicar contigo, por decirlo de alguna forma. El lenguaje de una enfermedad es psicosomático, sabe de la relación entre el cuerpo y la mente; al entablar comunicación con los síntomas, podremos oír y entender lo que la enfermedad nos está queriendo decir, pero que conscientemente no queremos afrontar, rescatando así la sabiduría detrás de la enfermedad.

Tu actitud debe ser lo más relajada posible, poner atención, sin poner atención, con toda la discreción... Trata de ver la película —sin meterte en ella. Observa si hay algo entre un golpe del tenedor y el otro; si hay algo en el comportamiento que debe ser suelto y espontáneo, pero ya se nota sistematizado. Cada caso es individual. Hay sutilezas comunes como las del tenedor, pero cada ser humano adopta una forma de hablar consigo mismo totalmente única.

A continuación te presento una lista de todos lo síntomas, externos e internos, en los que debes poner atención para poder identificar el problema.

En la anorexia

1. Pérdida del ciclo menstrual

2. Estar continuamente a dieta, aunque no exista problema alguno de sobrepeso

3. Argumentar "sentirse gorda" aunque no exista sobre peso

4. Preocupación y peculiaridades alrededor de la comida (cómo debe ser preparada, cómo se utilizan los utensilios, como se juega con la comida en el plato)

5. Negación del hambre

6. Encerrarse en la baño justo después de comer

7. Rutina de ejercicio excesiva

8. Hiperactividad

9. Uso constante de la báscula

10.Uso de laxantes y diuréticos para controlar el peso (esto es muy esporádico, ya que es síntoma clásico de anorexia 1)

11.Quejas de abotagamiento o náusea al comer aunque sean pequeñas cantidades

12.Presencia intermitente de periodos de comer en exceso y sin control

En la anorexia 1, bulimarexia, bulimia y síndrome de comedor compulsivo

13.Nudillos con lesiones provocadas por los dientes (no aplicable al síndrome del comedor copulsivo)

14.Cara, pies y manos hinchados (no siempre aplicable al síndrome del comedor compulsivo)

15. Conducta depresiva y en ocasiones ansiosa, cambios de humor repentino, conducta olvidadiza

16. Dietas estrictas seguidas por atracones

17. Comer compulsivamente con frecuencia, sobre todo cuando está bajo presión

18. Consumo de comida alta en calorías (en muchos casos dulce)

19. Esconderse para comer

20. Sentimiento de culpa o vergüenza alrededor de la comida

21. Mantener la conducta de atracón, y atracón-purga en secreto

22. Enfoque mental en planear los atracones o buscar oportunidades para hacerlo

23. Estar fuera de control

24. Desaparecer después de una comida

25. Depresión continua en incremento

26. Mal manejo de finanzas (pacientes han reportado llegar a bancarrota para sostener el hábito)

27. Baja autoestima

28. Depresión

29. Angustia

30. Ansiedad

31. Uso de laxantes, diuréticos, pastillas para dormir y para adelgazar (no aplicable al síndrome del comer compulsivo)

32. Conductas automutilantes (no aplicable al síndrome del comer compulsivo)

33. Tendencias suicidas

34. Desapego paulatino pero constante de todo y todos

Bulimarexia: fusión de enfermedades mortales

Todo lo que aplica en la anorexia y en la bulimia aparece en la bulimarexia. Es una fusión de perfiles psicológicos y hábitos destructivos. La bulimarexia es tener un pie en la anorexia y otro en la bulimia movidos por la compulsividad del síndrome del comer compulsivo, dando como resultado una enfermedad en si misma. Dado que es una fusión entre enfermedades distintas pero con síntomas compartidos, las diferencias entre una y las otras dos es difícil de discernir, pues tiene todas las vertientes de una en combinación con todas las vertientes de la otra, creando las propias en donde los índices de mortandad se instalan con mayor frecuencia.

Aclarando el mito de la bulimarexia...

"Si bien estar en cualquier punto del A-B-C (anorexia, bulimia, comer compulsivo) es como nadar en un mar en el que uno se ahoga inevitablemente, la bulimarexia es la marea oculta que te sumerge completamente.

¿Es entonces enfermedad o sólo paso transitorio?

Habiendo vivido el trastorno mental afirmo que es una enfermedad, pero transitoria, que si no te quita la vida, te "escupe" de regreso a la posición ABC."[h]

Desde el punto de vista físico, éste es el trastorno de alimentación más peligroso. La persona enferma no sólo sobrelleva los efectos de la inanición sino que además impone a su cuerpo una terrible sucesión de atracones seguidos de purgas extremas y violentos vómitos.

Es vital comprender que todas las vertientes existentes dentro de la gama de los desórdenes alimenticios se necesitan unas a otras para poder existir. Son diferentes tonos de un mismo color, diferentes estrofas de una misma fatídica canción.

Por ejemplo, la anoréxica tiene el síndrome del comedor compulsivo como uno de sus síntomas en supresión y remisión absoluta y constante, pero en sus fantasías sacia sin límite alguno todo aquello que comería mientras juega con el tenedor de lado a lado en el plato. La comedora compulsiva sueña con el autocontrol de la anoréxica, y mientras más trata de imitarlo, más compulsiva se convierte. La bulimia, ya sea como posición de adicción primaria o de apoyo, juega un papel determinante como acompañante constante de ambas. De la mezcla de estos nace la bulimarexia.

Para entender la bulimarexia es vital entender los papeles que desempeñan los diversos actores.

De la A a la C

A: *anorexia restrictiva (sin presencia ciclo atracón-purga)*

A1: *anorexia no restrictiva (presencia ciclo atracón-purga)*

---

[h] Weitzner, A. El ABC de los desórdenes alimenticios. Guía práctica para maestros, terapeutas y médicos generales

A2: *anorexia mutilante*

B: *bulimia proveniente de A o A1 o como entrada directa*

b1: *bulimarexia Tipo 1 (fusión de A1 y B con o sin presencia de A2)*

B2: *bulimia como entrada directa (con o sin problema de sobre peso) o proveniente de C*

b2: *bulimarexia Tipo 2 (fusión de A1 y B2, con o sin presencia de A2)*

C: *Síndrome de comedor compulsivo*

Debemos comprender que toda la gama de desórdenes alimenticios son sólo diferentes factores de una misma ecuación. La única constante es que ninguna de las variantes puede existir de forma totalmente delineada ni asilada de los demás factores. Todas las vertientes se sostienen entre ellas, y sólo pueden existir por la presencia pasiva o activa de las otras.

La dinámica A-B-C

A ⇨ B ⇨ C

Una vertiente que he observado es la posibilidad de que la bulimia se pueda transformar al paso de los años en síndrome del comedor compulsivo, eliminando poco a poco hasta cortar (ya sea por una modificación psicológica o porque el cuerpo mismo haya puesto claros límites) el factor purga de la ecuación.

Como menciono anteriormente, el enganche de la bulimia se centra alrededor de la purga; de hecho, el atracón se vuelve tan sólo un medio para llegar a ella. Cómo pues se llegaría a perder este factor que sustentó la ecuación entera para convertir el atracón en actor único. Por consecuencia lógica, quizá sería la respuesta.

En la anorexia el ayuno juega el papel principal y el ocasional atracón que resulta en purga se hace presente; en la bulimia es el atracón-purga el que lleva la rienda, siendo la purga la que va al volante. Más en fases donde el cuerpo se ha deteriorado demasiado, es posible que la purga deje de ser eficiente, dejando que el atracón sea ahora el que maneje, convirtiéndolo en un medio y en un fin.

$$A \Rightarrow A1 \Rightarrow B = b1$$

BULIMAREXIA Tipo 1 (b1): Resultante de anorexia, anorexia con atracón-purga y bulimia, con o sin presencia de anorexia mutilante (A2).

Las más propensas a caer dentro esta particular fase de los desórdenes alimenticios son las personas provenientes de una anorexia no restrictiva (A1 con presencia de ciclo atracón-purga, uso de laxantes o diuréticos). Aquí es probable que la bulimarexia se convierta en una fase de transición entre anorexia y bulimia. Dado que el ciclo atracón-purga tiende a tomar las riendas, la bulimia puede volverse entonces el actor predominante y llevar a la anorexia a jugar un papel secundario. El "desliz" es imperceptible. Yo soy un caso clásico de ello. Es justo aquí donde más riesgo se corre, ya que el cuerpo viene de aguantar un periodo prolongado de hambre, seguido por un violento atracón que termina en un proceso de purga severa y despiadada. Desde el punto de vista psicológico, es aterrorizante ver cómo vas brincando de una enfermedad mental a otra sin control alguno.

Como entrada directa

Aquí también puedes caer directamente, sin pasar necesariamente por un periodo anoréxico. Encontramos a muchas personas que iniciaron con dietas drásticas que se convirtieron en dietas de hambre y a la larga, el ayuno se volvió habitual. Este comportamiento lleva el péndulo al otro extremo, creando el desenfrene por querer comer todo lo que no se ha comido lo más rápido posible recurriendo a la purga como solución a ese atracón.

La diferencia sutil entre esta condición y la bulimia clásica, por ejemplo, es la ausencia de elaboración alrededor del atracón como ocurre en la bulimia, en donde la persona llega a vivir por, para y alrededor de la planeación y manejo del ciclo atracón-purga. La velocidad en que el ciclo ocurre es un factor importante para poder diferenciar una enfermedad de la otra. En la bulimia clásica pueden pasar horas entre el momento en que el atracón empieza y hasta que la purga termina.

En la bulimarexia hay una ausencia del proceso mental elaborado de la bulimia. Aquí el ciclo atracón-purga es tan sólo el instinto fisiológico apoderándose momentáneamente. El hambre gana, es todo. Poner un bocado en la boca lleva a empezar a comer a una velocidad incontrolable, pero el dolor estomacal es tan profundo, y llega tan rápido debido a los severos ayunos, que el ciclo atracón se detiene por la necesidad imperante del cuerpo por sacar esa sobredosis. Las palizas internas que sufre el cuerpo son en muchas ocasiones mortales.

El riesgo psicológico también es muy alto... es brincar literalmente de una condición mental a otra sin control alguno...

Dado que la edad en este caso tiende a ser mayor, la presiones del ambiente cambiante de la adolescencia y temprana adultez juegan un papel crítico, y en la inhabilidad de adaptación, o en respuesta a la presión ejercida (tanto en casa como en su medio), la necesidad de alivio por medio de la purga se vuelve cada vez más y más necesaria.

Por experiencia propia y en mis casi 20 años de observar el fenómeno, me atrevo a decir que una vez que la persona cae realmente en el patrón atracón-purga como adicción principal, es muy difícil recorrer el camino de regreso. En mi caso, yo pensé haber caído enferma cuando comencé a vomitar y deseaba desesperadamente poder imponer de nuevo la disciplina que antes tenía y poder regresar a "la salud", que no era más que una anorexia tipo A, cuya característica principal es el genuino convencimiento de que *no hay* un problema. Puesto de otra forma y como lo veía entonces: ¡para mí la tragedia no era ser bulímica, era ya no ser anoréxica!

La dinámica en contra corriente

$$A \Leftarrow B \Leftarrow C = b2$$

BULIMAREXIA 2 (b2) viene caminando, en ocasiones, desde C –comedora compulsiva o bulimia2 (B2), con o sin precencia de anorexia mutilante (A2)

Las síntomas son idénticos a los de la bulimarexia tipo 1, la gran diferencia es que la dinámica de la enfermedad va a contra flujo, como lo indica la flecha; esto indica que la bulimarexia llega a instalarse a la larga en la anorexia como enfermedad primaria y en la bulimia como síntoma de apoyo.

¿Conoces a D?

ANOREXIA AUTOMUTILANTE:
UN CASO VERÍDICO
· ·

…D siempre había sido pasadita de peso y de buen apetito. Toda su vida. La llenita bonita, y mira, no es mentira, qué mujer en verdad tan bonita. Su hermana menor era bailarina de ballet, con un cuerpo naturalmente delgado y óptimo para dicha disciplina, pero no tan agraciada de cara. De hecho a D le decían con frecuencia que al juntar su cara con el cuerpo de la hermana, no sólo tendrían a Miss Holanda, sino a Miss Universo. Era así de bonita.

…El mensaje le quedó grabado… Comenzó su laberinto…

D dejó de comer. Cuando yo la conocí, ya casi no comía, o comía como ella decía "muy sano"; al decir muy sano me refiero a una manzana, yogurt, lo típico en cuanto a "alimentos permitidos". D confesó tener un síntoma hasta entonces desconocido para mí: la automutilación. Jamás pude comprenderlo, y creo que en el fondo aún no termino de asimilarlo. D lo resumió en pocas palabras: "Sentir dolor es mejor a no sentir nada, es la única forma en la que siento que en verdad estoy viva".

Como en la superficie aparentaba ser muy normal, los médicos nunca la retenían, y peor aún, su seguro le negó la cobertura porque no estaba lo suficientemente delgada. Esto sólo incrementó su delirio de que no pasaba nada. Cuando la auto-mutilación hizo su trágica aparición, D pidió ayuda médica, pero el "experto" le aseguró que la incisión en su brazo era sólo una manera de adaptación al cambio reciente de empleo, pero que todo volvería a la normalidad. Le aseguró que no podía ser anoréxica, pues todavía aparentaba estar en buen peso; no podía ser una desadaptada social porque tenía un súper empleo. El "médico" no diagnosticó anorexia, sino comedora compulsiva con problemas de adaptación; ese diagnóstico errado fue su condena, ya que perpetuó su delirio de que en realidad no tenía un problema, y como era muy inteligente, sus buenos empleos engañaban a toda la gente… Dado que el hambre reprimida de años era ya demasiado dolor contenido, la automutilación poco a poco se fue haciendo su más íntimo amigo… D llegó a pesar no más de 25 kilos…

D era en verdad brillante, pero poco a poco se distanció de cuanta persona trató de ayudarla; no permitió que nadie se le acercara demasiado o la persuadiera de su meta. Dado que le conté mi historia con detalle y lo que en verdad podría sucederle en este amargo camino, lamentablemente fui la primera "persuasión" que se tuvo que ir. Un mes después me fui de Suiza, pero a los ocho meses regresé.

Al ir caminando por la calle, vi lo que yo podría denominar como un cuerpo que tiene el alma despegada. Era la flacura y lo completamente anaranjado de la piel…, pero más aún, era un aura que no te puedo describir, como si el cuerpo estuviese sólo prendido con alfileres. No puedo encontrar las palabras para decirte mi horror al ver que ese espejismo era D. No pude hablar. Me quedé tiesa. Ella sonrió y siguió de largo.

Por un momento dudé si había sido ella o incluso, si había sido real lo que acababa de ver.

A la semana siguiente me enteré que D había regresado a Holanda a los dos días de nuestro encuentro en la calle. Nadie supo más de ella… Años después se rumoró que había muerto… pero yo tengo la certeza de que su esencia sigue viva…
....

Cito este caso porque es un ejemplo cruento y concreto de cómo el diagnóstico errado tiene consecuencias fatales. El caso D nos enseña claramente las acentuadas deficiencias de las diversas personas que participan en este fenómeno, desde la medicina y la industria de los seguros, hasta la ausencia de un sistema de comunicación íntegro, ético y eficiente por parte de los medios publicitarios.

El hecho de que D adoptara la conducta de anorexia no restrictiva (A1) y mutilante (A2) cuando aún tenía varios kilos de sobrepeso, le cerró las puertas médicas por no cubrir los requisitos de bajo peso. El hecho de que D tuviera una alta inteligencia y un buen empleo tampoco jugó a su favor… ¿Cómo podrían los psiquiatras diagnosticar a una mujer así de productiva como incompetente o peligrosa para ella misma?

…Nadie habría imaginado quién era en realidad D. Nadie en verdad habría entendido la paradoja de su vida: cómo alguien capaz de rescatar a un pájaro recién caído de un nido, nutriéndolo de amor y ayudándolo a volar a su destino, hubiera sido capaz de mutilarse por no creerse merecedora de ese mismo cariño…

¿Conoces a D?, quizá trabaja contigo… quizá te sentaste a su lado en el cine… o quizá era la estrella de la pantalla… o … tal vez tú eres D y aún no lo sabes.

Para trascender el caso...

Una de las enseñanzas más importantes que nos brinda este testimonio, y en la cual la medicina, los seguros y los medios de comunicación deben poner su atención, es en la importancia del síntoma "automutilación", pues le añade otra dimensión al de por sí ya fragmentado estado psicológico. Hay una relación directa entre este síntoma y el suicidio.

Esto, por favor abran los ojos,
es algo muy cruento...

Las caras ocultas de la anorexia mutilante están aún por descubrirse.

¡La era en que el ser humano
literalmente muere por ser delgado
debe terminar!

Si las revistas tuvieran que asumir la responsabilidad financiera por los gastos médicos que generan sus imágenes y mensajes subliminales acerca de lo que no es una mujer en realidad; el día en que los seguros médicos tuvieran que vérselas directamente con los medios de comunicación para recuperar sus gastos; ese día, los puestos de revistas tendrían que buscar la forma de llenar sus estantes vacíos.

La enfermedad está tratando de perpetuar su existencia mandando un síntoma más doloroso que distraiga a la persona de sus retortijones de hambre, y a la vez proporcionándole un liberador catártico al odio que siente por sí misma.

¿De qué queremos llenarlos?

Un sueño y un gran cambio empiezan siempre como una utópica idea en la cabeza de alguien.

Todos somos ese alguien.

El punto de quiebra

Como verás, te di ya un perfil bastante amplio y realista acerca de lo que puedes esperar en el camino de los desórdenes alimenticios. Por eso es que ahora podemos regresar al punto que tratamos al principio de este libro.

¿Crees que tienes un problema o sigues negándolo? Quizá sabes que lo tienes pero ya no sabes cómo detenerte. O quizá pienses que el mundo entero está gordo y que tu angulosa figura es la medida correcta de delgadez, a la que muy pocos seres tan disciplinados como tú pueden siquiera aspirar. O crees que todo es cuestión de hacer un pequeño ajuste aquí y otro allá a tu rutina atracón-purga, pero fuera de eso tu vida está bien y yo sólo estoy exagerando.

Por favor, despierta.

Si no reconoces y aceptas, desde lo más profundo de tu ser, que te estás destruyendo, jamás podrás rescatarte. Mientras no reconozcas que te estás matando, jamás podrás salvarte. Nadie, más que tú, puede rescatarte. Nadie, más que tú te puede salvar. No habrá terapeuta, nutriólogo, médico, psiquiatra, amigo, familiar, gurú, rabino, místico, poeta, poder humano o divino que te pueda ayudar a salir del laberinto, si tú no aceptas primero que necesitas ayuda.

> Tu orgullo de no reconocer que eres menos que perfecta y que tienes un problema es lo que te terminará quitando la vida; en esa soberbia te acabarás consumiendo.

Puedes pasar meses, años y décadas de un terapeuta a otro, de una unidad de cuidados intensivos para desórdenes alimenticios a otra; *ultimadamente*, podrías acabar brincando de un hospital psiquiátrico a otro.

Hasta dónde quieres caer antes de decir "¡Basta, suficiente!"

Date una vuelta por un hospital psiquiátrico. Pregunta cuántas personas están ahí por la combinación de inanición y abuso de anfetaminas.

Entre anfetaminas e inanición puedes estar iniciando un viaje dantesco de ida y sin regreso. Muchos seres, personas en verdad capaces, "se quedaron literalmente en el viaje", y en su delirio siguen pensando que son perfectas. ¿Quieres darte una dosis de realidad espeluznante? Te digo, date una vuelta. No lo estoy inventando. Quizá te haga falta ver con tus propios ojos un par de escenas de esta obra de teatro.

Tú, que crees que "no te saldrás de control"; sí, tú, la que está convencida que es perfecta dentro de las que sólo pretenden serlo; la que asegura que le puede pasar a todos, menos a ella. Bueno, tú eres quien más peligro corre.

No sabrás ni cómo ni cuándo diste el paso del "todo está bajo control", a "me estoy ahogando", "alguien sálveme, por favor!"

No sabrás qué pasó. No sabrás ni cómo ni por dónde sucedió.

Quizá tú ya hayas entrado y salido de una clínica varias veces. Tu ir y venir sólo ha incrementado tu delirio de que sigues en control de la situación.

Te crees mucho. Te las sabes de todas-todas. Ya sabes cuánto hay que pesar, cuánto hay que medir y qué hay que decir para que te dejen salir. Éste capítulo ya es parte de tu obra. Este libreto también ya te lo sabes. Todos son una bola de mediocres tratando de detenerte a ti de sobresalir y ser perfecta. Volviste a caer en la clínica porque sí, como que se te pasó la mano, pero bueno, en la cama del hospital ya tuviste tiempo para crear tu siguiente careta de perfección. A la que no se le va a pasar la mano ni tantito. Después de todo, las visitas a la clínica no son tan divertidas. Y ahí vas, con paso firme. Las chavas que están en las otras camas, ya sin poder salir, esas *sí* son las brutas. Tú no. Aunque recientemente las frecuentas más seguido de lo que pensabas, ¿no? En las noches, cuando apagan la luz, sientes ese miedo, pero como no quieres sentirlo, diseñas desde ahí tu siguiente careta de perfección... En caso de que no te hayas dado cuenta, la clínica es ya tu domicilio alterno. Te vas, pero siempre regresas.

Esto es un suicidio en abonos, pero un suicidio. Entiéndelo. Este camino está lleno de todo, MENOS de un bonito desenlace. No encontrarás nada de lo que ibas buscando y a tu paso irás dejando una ola de relaciones truncadas, sueños partidos y corazones rotos. Lo único que sí te llevarás será una amplia lista de daños y complicaciones físicas, desde fallos renales hasta paros intestinales, insuficiencia cardiaca y arritmia cardiovascular. Perderás el pelo, el esmalte de los dientes. En una de esas, te romperás la tráquea, y en caso de que puedan ayudarte a tiempo, vivirás con una cicatriz que te hará odiar al médico que te hizo "el favor" de salvarte la vida. Abre los ojos… no te estoy diciendo esto para asustarte, te lo digo para que te des cuenta en donde estás…

Según el doctor Ira Sacker, director del Programa de desórdenes alimenticios en Brookdale Hospital, "el desbalance bioquímico en combinación con la violencia en el proceso digestivo implantado tiene consecuencias desde desfigurantes hasta fatales. El sistema digestivo puede dañarse en forma permanente por la destrucción ocurrida durante un solo episodio de purga severa.

Hay pacientes con esófagos desgarrados a pesar de haber caído en el ciclo atracón-purga por sólo un breve periodo… En cuanto a las úlceras estomacales concierne, es común que el paciente busque ayuda médica sólo hasta que el dolor físico de la gastritis sea ya insoportable. Por lo general, el 80% de los casos ya tiene úlceras; lo único que seguimos sin determinar es por qué en algunas personas se forman en la fase temprana de la enfermedad, mientras que en otras se manifiestan después de años. Lo mismo aplica para las consecuencias cardíacas. Existen pacientes con severa arritmia cardiovascular desde los inicios de su enfermedad, otros, por drásticas pérdidas de potasio, entran en arresto cardiaco sin poder salvarse. Sucede en los principiantes, sucede en los veteranos. No hay reglas."[12]

Abre los ojos a la broma cruel de los desórdenes alimenticios: no toda la gente que padece un desorden alimenticio es "delgada"… Te estás comprando un boleto de

> Es vital darse cuenta de que no hay manera alguna de predecir cuándo una persona ha llegado al punto en el que su esófago puede reventar a causa de la tremenda acidificación gástrica.

---

[12] Sacker, I. *Dying to be Thin*, 1987, pp. 33-37.

fectuoso que, aparte de todo, no te dará lo que quieres: el peso en kilogramos que tú ya estableciste como sinónimo de felicidad, o la talla, la talla más pequeña en donde tú crees que se encuentra la respuesta a todos tus vacíos y la solución a todos tus sentimientos de autorrechazo. En el supuesto que te diera aquello que tú crees que quieres, ¿cómo podrás darte cuenta si estarás totalmente desbalanceada física, mental y emocionalmente?

¡Ahórrate golpe tras golpe! Lo que persigues, no existe. Entiéndelo.

La hora más oscura

Desapego de vivencias preciadas

Quizá estés pisando fondo... el suicidio es una idea tentadora, pareces no encontrar otra forma de salida del infierno en que has convertido tu existir. Cuando recuerdas etapas felices de tu vida, sientes estar narrando la vida de alguien más. Tranquilidad, seguridad, bienestar son cosas que quizá le pasaron a alguien más y, al ver la película, pareces ser tú, pero ya no ves el punto de conexión con ese ser; entre las vivencias que más atesoras y tu desesperado momento real. Al ya no sentirlas como tuyas, dejarás de ver su valor, y al hacerlo, perderás el último conector que quedaba de 'ti contigo'. Es soltar la última cuerda. Es dejarte ir. Es cuando ya de plano sentirás que no podrás salir y que no tiene ningún sentido seguir luchando.

Quizá ya no le encuentras el más mínimo sentido a tu vida... Te recriminas ni siquiera tener el valor de quitártela. Despiertas en la mañana con un lamento por seguir vivo. Oscilas entre el temor profundo de que la última velita que queda en algún rincón se apague, y el callado anhelo de que ya suceda para terminar tu suplicio.

Si estas aquí, te digo, estás a punto de dar el paso que te tirará por el precipicio. Te pido. Detente. ¿Realmente quieres morir? Porque estás a un paso de conseguirlo. De este punto en adelante es sólo cuestión de que "llamen tu número".

Respira hondo. Te lo vuelvo a preguntar: ¿quieres morir en un futuro cercano? No es una pregunta hipotética. Estás a punto de pertenecer a ese 13 % que muere a causa de un desorden alimenticio o que se suicida por padecerlo. Estás a punto de formar parte de esta estadística.

Te la puedo poner numérica o líricamente , pero nunca encontraría una forma lo suficientemente elocuente de decirte: estás a un paso de caer al precipicio.

El estado de deterioro de tu cuerpo físico afecta, pero aquí tu estado anímico determina. Puedes no estar en un alarmante deterioro físico, pero tu estado anímico se hará cargo de que "este cambie rápidamente", o bien, tu inconsciente puede empezar a desatar infortunios, desde accidentes pequeños hasta graves.

Te lo pido una vez más. Detente. Date cuenta de dónde estás parada.

Todo lo que has hecho hasta ahora, si desde lo más profundo de tu ser lo crees y lo quieres, puede transformarse. Si das el paso que sigue, ahí si muere la esperanza.

Una parte de ti puede estar pensando que "ya no tienes nada que perder"; que desde donde estás hacia donde te diriges ya no hay mayor diferencia... Sientes estar ya muerta. Pero la verdad es que aun no lo estás, y mientras no lo estés, tienes la oportunidad de rescatar la bendición que esta situación tan dolorosa y adversa te está brindando para dar el salto de aquí, desde este fondo que estás tocando hacia tu propia salvación, o bien, puedes decidir darte por vencida. Por más bajo que creas haber caído, hay una cosa que no has perdido y la cual tendrás hasta el último momento , hasta tu último aliento y hasta tu último respiro: la capacidad de elegir.

Sé que estás cansada, abatida física, mental, emocional y espiritualmente; sé que sientes que ya no puedes más. Una parte de ti pide a gritos callados –cada vez más intensos y más obvios– que todo esto, por misericordia, termine... Es a esa parte de ti a la que apelo ahora. No quieres terminar así. Lo sabes. No quieres acabar tu vida como una víctima, porque sé que tu existencia entera te la has pasado creando fantasías exactamente opuestas. No era éste el final que querías. No aceptes este final.

En este instante tienes la oportunidad invaluable de darle sentido a tu sufrimiento, y a lo que has vivido, para rescatar la lección y salvarte. Transformar completamente tu vida. Si te rindes no encontrarás la manera de justificar tu vida. Habrás reprobado el examen de tu existencia; todo el dolor habrá sido en vano. Nada habrá tenido sentido porque a nada se lo habrás dado. Habrás venido y te habrás ido sin saber el porqué ni el para qué de tu destino.

Sé lo que es estar aquí... Sé lo que estás sintiendo. Sé lo que es pedir a gritos que la pesadilla termine. Viví tu soledad, viví tu dolor, viví tu angustia, viví tus anhelos frustrados y tus iras reprimidas, viví tu deseo desesperado e inútil de la complacencia eterna.... lo viví... Créemelo.

Cuando te digo que **te comprendo en cuerpo y alma**, es porque te comprendo con cada fibra de mi ser, por ello te digo: **de este punto de oscuridad vendrá la luz más brillante sí tú así lo decides.**

El libreto
prefabricado de vida

R elájate, respira hondo y comencemos a comprender cómo estas escribiendo la película de tu vida...

Seguramente a lo largo de tu historia te has puesto una serie de metas ficticias e inalcanzables con tal de satisfacer tu necesidad de aprecio, reconocimiento y admiración. Incluso has elaborado una serie de máscaras con las cuales te convences y convences a los demás de que eres ese ser digno de admiración, respeto, aprobación y cariño. El ser perfecto.

Todas las conductas que apuntan hacia lo contrario las reprimes en tu sombra[*13], tu yo inconsciente[*14], y las entierras y escondes de tu yo aceptable[*15]. Mientras más intentas frenar todos estos impulsos y evidencias que te delatarán y te expondrán como el ser imperfecto que en verdad eres, más te llenas de frustraciones y corajes re-

---

[13] C.G. Jung, 1917.
[14] Freud, *El Yo y el Ello*, 1923.
[15] Rogers 1949, Maslow, 1971.

En tu temprana consolidación psíquica hubo momentos clave que te dejaron con un vacío afectivo… tú produces y reproduces esquemas en el afán de llenar los huecos de afecto, validación y aprobación que quedaron insatisfechos en tu infancia.

primidos, no sólo porque no lo consigues, sino porque en el proceso creas metas cada vez más ficticias y fabricas máscaras cada vez más elaboradas.

Te vas disociando completamente de tus partes que no te gustan, de tu yo "repudiable"*, desterrándolas hacia tu sombra* hasta llegar a compartimentalizarte.*[16]

Probablemente a lo largo de tu temprana consolidación psíquica formativa hubo momentos clave, o bien, una suma de ellos, que te dejaron con una herida mental abierta en donde preciados tesoros y herramientas para la vida se quedaron atrás; el mismo lugar en donde aún residen tus vacíos afectivos, y en donde "firmaste el acuerdo"[17] de que el mundo no es un lugar seguro.

Estás atorada en un loop mental* en el cual "produces y reproduces esquemas en el afán de llenar los huecos de afecto, validación y aprobación que quedaron insatisfechos en tu infancia, las gestalts* que quedaron abiertas".[18]

Con base en tu temprana experiencia fuiste creando un sistema erróneo de creencias. Formaste la idea inconsciente y preconcebida de lo que podrías esperar del futuro, de tu libreto de vida. Firmaste una serie de acuerdos mentales, conscientes o no, en cuanto a lo que el mundo y los seres dentro de él son.

---

[16] Peck, S., *La nueva psicología del amor*, 1977. Villanueva R., *Mas allá del principio de autodestrucción*, 1988.

[17] Ruiz, M. *Los cuatro acuerdos*, 2001.

[18] Goodman, Hefferline, 1951, Villanueva R., 1988.

Creaste –consciente o inconscientemente– figuras idealizadas de los personajes importantes en tu vida, comenzando por la tuya. Todos tienen una careta de perfección sobre otra, mas ninguno de ellos es real. De la desilusión que te provocan los personajes reales nace la siguiente careta de perfección de tus personajes creados.

Produces y reproduces escenas de teatro en tu vida diaria que tendrán un final escrito desde el principio; éste te "confirmará" que, efectivamente, el mundo no es un lugar seguro, que está lleno de decepciones, que "esa ya te la sabías" y que "esa película ya la habías visto", seguramente varias veces.

> Creaste figuras idealizadas de los personajes importantes en tu vida. Todos tienen una careta de perfección sobre otra, mas ninguno de ellos es real.

Tu obra es la decepción perpetua. El desenlace siempre es una variación de la amplia gama de desilusiones, pues, en ese libreto, sólo pusiste seres ficticios, idealizados e inexistentes, empezando por tu propio personaje.

Mientras más te esfuerzas por lograr esa obra perfecta, ese libreto ficticio precreado, más frustración y hostilidad acumulas, mismas que sólo conduces contra ti misma. Te esfuerzas y te esfuerzas pero te enfureces, porque sigues sin conseguir el aprecio (empezando por el tuyo) que tanto anhelas. Tu autorrepudio crece, tu ira reprimida también. Te tropiezas y te vuelves a tropezar con el mismo poste.

Cada golpe que recibe tu yo idealizado* causa una muerte aparente de tu ego, pero el espíritu de tu yo idealizado surge y resurge creando una máscara de perfección tras otra para rescatarse a él mismo.

De la muerte de tu yo idealizado nace la siguiente careta de perfección, la nueva versión de tu yo idealizado que reemplazará al yo idealizado fallecido.

> Una parte de ti sigue en la espera, y sigue tratando de saciar esas necesidades, de tapar estos huecos, pero solo logra producir el efecto exactamente contrario, ya que mientras más heridas tratas de sanarte, más heridas acumulas.

Y ahí vas...

¿Qué es lo que está sucediendo?

Estás siendo el escritor, productor y director de una mala película. Estás en un *loop** debido a un daño grabado en tu mente.

Tu conducta destructiva no es más que tu inhabilidad de renunciar a lo que no te fue concedido...

La parte de tu cerebro en donde está el daño desconoce el concepto tiempo. Es un almacén sin presente, ni pasado ni futuro. Una cineteca de las diversas escenas que componen la película de tu vida. Ahora, imagina que en ti hay una serie de escenas en proyección perpetua. No se editaron, guardaron y archivaron debidamente.

Son proyecciones que siguen, siguen y siguen... Esto es a lo que me refiero con un **loop mental.**

Es un fallo de tipo organizativo que ocurrió en tu mente, que por un trauma específico o la mezcla de varios, la película dejó de editarse, cerrarse y archivarse. Se quedó abierta proyectándose y proyectándose...

Te repito. **Aquí no hay dimensión de "tiempo".** Esta película está en el presente porque cree estar vigente, porque sigue estándolo. Y así es, porque **tú sigues creando y recreando situaciones similares, en una amplia gama de variaciones, que sostengan y perpetúen su existencia en el presente.** Por lo tanto, no tienes un presente, sino un pasado constante, viviendo tu hoy como si fuera ayer. . Lo que a ratos percibes como una conducta que "está más allá de ti y de tu voluntad" o una situación cuyo final siempre parece ser el mismo, corresponde a este fenómeno. Es tu pasado reproduciéndose constantemente.

La forma de autodestrucción que has elegido, consciente o inconscientemente, es un desorden alimenticio. Ese es el enganche –psíquico y fisiológico– que te condiciona y predispone dado tu perfil y tus características personales, familiares, socioculturales e históricas.

Cómo llegaste aquí

Por una serie de demandas externas que el medio, las costumbres, la época, la moda y las creencias colectivas estipulan como sinónimos de "felicidad, éxito y belleza", tú decidiste ir tras falsos ideales y en algún punto del camino te perdiste a ti misma; te identificaste con una enfermedad y ahora tu cuerpo habla por medio de sus síntomas. O bien, no te has detenido siquiera a preguntarte 'qué eres' y 'por qué estás aquí', y por evadirlo, te conformaste con estas normas.

Pero... esto es una ilusión, producto de "la hipnosis colectiva y profundo miedo a tu libertad y singularidad en el mundo"[19], y te engañas viviendo en una versión de ti que no existe, a la que le pones metas sobrehumanas que jamás alcanzarás. Haces lo que sea para evadir lo que realmente eres sumergiéndote en la ola enferma del inconsciente colectivo. Te sientes poco merecedora de cariño y reconocimiento, tuyo y de todos los seres que consideras importantes en tu vida; estás llena de sentimientos de culpa y minusvalía por no ser aquello que deberías ser para merecerlos. No te perdonas ser lo que eres y te castigas cruelmente por no ser

> Decidiste ir tras falsos ideales y en algún punto del camino te perdiste a ti misma. Te sientes poco merecedora de cariño, aprobación y respeto. No te perdonas ser lo que eres y te castigas cruelmente por no ser aquello que tú crees que deberías ser.

---

[19] Fromm, E. *El miedo a la libertad.*

aquello que tú crees que deberías. Es un círculo vicioso, pues lo que anhelas y tras lo que vas es inconseguible.

Comprende. Mientras más te matas –literalmente– por ser aquello que nunca serás, más dejas de convertirte en lo que sí puedes: la realización de un personaje único que nadie más que tú puede ser. Por seguir el libreto de lo que tú crees que la felicidad es, dejas de escribir el tuyo propio, que es el único lugar en donde tu felicidad puede estar escrita.

Beneficio oculto en la perpetuación del pasado

Para que una conducta –la que sea– se sostenga, debe tener un beneficio oculto... El tuyo se encuentra en la confirmación morbosa que el fenómeno reproducido te brinda y en el sentimiento de falsa seguridad que te proporciona, pues "confirmas lo que ya sabías", atendiendo a tu necesidad de crear algo predecible, aunque sea tan sólo la reproducción del mismo mercado de lágrimas.

Es una falsa certeza dentro del mar de incertidumbre en el que pareces ahogarte.

Con base en ese final ya esperado –con base en eso que "ya sabías"– sigues escribiendo el libreto de los siguientes actos, cuyos nombres de personajes varían, pero cuya trama y desenlace siempre son los mismos. A cada golpe de frustración que recibes te pones metas cada vez más sobrehumanas, en la esperanza de que esta vez sí "te sacarás la espina"... de que esta vez sí "le darás al clavo" y serás digna de todo aquello que te han negado. Pero la realidad es que no sólo no le das al clavo, sino más te alejas de él, el hueco nunca se llena y la historia siempre termina igual.

Al recibir grotescos golpes contrastantes con la realidad y constatar la diferencia entre tu libreto y lo que en realidad sucede, te enfureces y te llenas de rabia, rabia que sólo lanzas contra ti misma, lo que te lleva a recibir tu propio insulto y degradación.

De la degradación sólo nacen metas más idealizadas, empezando por la de "ésta vez *sí* podré".

Y la obra teatral continúa...

Te pregunto: ¿a ratos no sientes que tu vida es una mala y repetitiva broma?

Pero esto no es una desventurada carta que sacaste de la baraja cósmica... No es Dios castigándote. Eres tú obligándote a jugar un juego cruel y sin las cartas completas. Eres tú castigándote. Nadie más que tú te lo está haciendo. Todos son personajes de tu obra, tú el escritor. Nadie te puede "estar haciendo" nada que tú mentalmente, desde tu inconciencia, no hayas escrito antes. Creencia precede experiencia. Nunca lo olvides.

Tu pasado no es tu presente a menos que vivas en él y, en este caso, así es; estás en un *loop* psíquico-emocional que no tiene salida, y el cual tiene el comando inconsciente para atraer y reproducir las situaciones del pasado que te llevan a confirmar lo que ya sabías.

Comprende. Tu conducta corresponde a un ciclo inconcluso de la sana maduración de tu psique en algún punto de tu infancia; tu inhabilidad para renunciar a los anhelos no saciados hace que tu conducta esté marcada por una sed insaciable por llenar desesperadamente estos huecos de valía, aprecio y cariño que quedaron inconclusos, los gaps afectivos. Es como llevar una herida abierta, un hueco permanente, y mientras más tratas de curártela, o de llenarlo, más compulsivo te conviertes. Mientras más te esfuerzas y más lo intentas, más pareces hundirte.

El infierno de las adicciones está lleno de vacíos afectivos.

Date cuenta de la trampa en la que estás parada, porque si no puedes –literalmente– pasar una vida entera buscando llenar este hueco, y es precisamente de estos huecos que el infierno de las adicciones está lleno.

Figuras idealizadas: disociación y fragmentación interna

Una parte de ti quizá se sienta responsable por los infortunios que tuvieron lugar en tu entorno a lo largo de tu infancia... Desarrollaste una tendencia o "firmaste un acuerdo" para asumir más de la cuenta. Ésta es una identidad neurótica, que asume la culpa por lo que aparentemente no le corresponde: la víctima, a la que todo le pasa. De ella nace la heroína interna que la rescatará de todo lo que le sucede. La heroína, como es ficticia, nunca logra rescatar nada realmente, y de la derrota de la heroína nace la mártir que, como contra parte de la heroína, es igualmente ficticia. Del fracaso de la mártir reencarna el espíritu de la heroína, con la reciente máscara de perfección bien puesta. La heroína (Freud lo describió como tu súper ego) es la versión de ti que rescatará a la víctima que en verdad eres; la mártir es la que le permite a la heroína renacer, y perpetuar tu delirio de perfección y salvación. Sin embargo, la única real de las tres es la víctima, a la que, efectivamente, todo le está sucediendo.

Por cargar un paquete que no te tocaba adoptaste un papel de víctima; por protegerte de una realidad que no era segura, ni estable creaste a la heroína, pues ella rescatará a la víctima de todo lo que le pasa. La mártir nace para asumir el castigo por las metas irreales no cumplidas de la heroína.

Por cargar un paquete que no te corresponde dejas de cargar el único que te toca, el tuyo propio, e inconscientemente dejas de asumir la responsabilidad por tu realización. Y cómo podrías asumir la plena responsabilidad por tu ser en el mundo cuando tu personalidad no está operando como un todo; estás disociada.

Esto es una forma neurótica de adaptación a una realidad que dista de ser reconfortante y segura. Es un mecanismo de defensa y autoprotección.

Muy probablemente, no tengas esto a nivel consciente... Negarás y volverás a negar que dichas fantasías existan, pero antes de que lo hagas considera esto:

Tú no naciste vomitando, atracándote ni odiando a tu cuerpo. Algo pasó en algún punto del camino... El daño se está manifestando. Crees que eres perfecta; vives desde, por y en el delirio de tu súper ego, pero tienes hábitos que distan de ser sanos. No puede ser tu preciada heroína la que falla. Imposible, ella es perfecta, tu mejor agente de relaciones públicas; la que complace a todo el mundo. Otra parte de ti es la que se deja caer por ella: tu mártir que, con tal de preservar a la heroína, acepta todo el dolor y el abuso por las metas de perfección no cumplidas, pero luego así se la cobra y a todo cuanto le rodea. Dejar atrás a tu súper ego es admitir que éste vive en un súper mundo, súper irreal, con una serie de súper metas que tarde o temprano estarás exhausta de llenar, pero intentarás a toda costa preservar el super-ego ya que el renunciar a él implicaría decir adiós a lo que sustenta tu valía.

Toda tu valía está puesta y reside en la heroína, que desde muy temprana edad encontró el escenario en el cual realizarse: logros académicos o deportivos. Tienes un punto en tu vida y una serie de figuras importantes (maestros, profesores de la actividad en la que destacas) que sostienen y validan la necesidad de su existencia.

Recibes reconocimiento, aprobación y validación. Ésta es la versión de ti que sí quieres (y estás convencida que todo mundo quiere), pero esto es sólo una proyección hacia el mundo exterior. Es un ser ficticio con metas sobrehumanas. Es el disfraz de tu yo incapaz e indefenso ante el contexto externo; tu víctima enmascarada.

Vives en tu "súper ego, pues el ego (*id*, yo) está tan nulificado y devaluado que sin la presencia de su súper ego el *id* moriría[20]; en la versión de ti misma sobrehumana y ficticia, creada en protección a una realidad amenazante". [21]

De ahí nace la falsa trampa del perfeccionismo, y dependiendo el grado de impacto de los sucesos vividos en tu temprana infancia será tu sed neurótica por saciarlo.

Procesos de renuncia y transformación del pasado

Renuncias

Para poder dar un paso hacia un modelo sano de pensamiento es indispensable que renuncies a toda la fantasía destructiva que has hecho tu vida... A lo largo del proceso, como ocurre en cualquier desprendimiento, encontrarás en ti una serie de defensas que utilizarás con tal de aferrarte a lo que tienes y al hacerlo:

"...niegas el hecho de que dichas fantasías existan o que deben morir; te llenas de ira por no tener lo que siempre habías anhelado; intentas hacer un trato para obtener lo que deseas, siendo capaz de 'venderte' a ti misma con tal de satisfacer tus expectativas; pasas por un proceso

---

[20] Freud, *El Yo y el Ello*.

[21] Rogers, C.R "*Terapia, personalidad y relaciones interpersonales*, 1959; Erikson, E. *Insight & Responsibility*, 1964.

depresivo al darte cuenta de que lo que tanto deseas es inalcanzable, para finalmente llegar a alcanzar de buena gana el despedirte de lo que sólo era una fantasía."[22]

El proceso de renuncia es duro de afrontar; después de todo, es decir adiós a los personajes ficticios que lejos de enriquecer tu vida la están terminando, empezando por el tuyo. Han sido tus fieles compañeros y preciada fuente de entretenimiento; es soltar todo aquello a lo que te has aferrado creyendo darle algún sentido a tu vida. Sin embargo, debajo de todo ese dolor y esa tristeza por lo que estás a punto de renunciar, está la paz de saber que actúas en tu favor, en tu defensa, como actuaría por ti tu mejor amigo y abogado defensor. Ultimadamente, es en esa paz que encontrarás la fuerza y el valor para soportar la renuncia y el pasajero sentimiento de pérdida.

Debes aceptar que, en respuesta a situaciones que sacudieron tu realidad, creaste un mundo ficticio tan perfecto e idealizado que nadie real cabe dentro de él, ni tú misma.

Reconocer que eres un ser lleno de limitaciones, pero que en la superación y transformación de ellas residen tu virtudes; aceptar ultimadamente que eres en ser grandioso y diminuto.

La actitud que elijas es lo que determinará tu proceso de salida. Adoptar una postura digna y vale-

> Debes decir adiós a los personajes ficticios que has creado; soltar todo aquello a lo que te has aferrado para darle algún sentido a tu vida. Tienes que romper con el libreto preconcebido de lo que tú crees que es la vida y los seres que están en ella; además debes renunciar al falso sentimiento de seguridad que la reproducción de este patrón te brinda…

---

[22] Kübler-Ross, *On Death & Dying*, 1969; Villanueva R., 1988.

> Debes aceptar de buena gana que todo el afecto, aprobación, reconocimiento y valía que no te fue dado, no fue porque no fueras merecedora de ello; no lo recibiste por las limitaciones mismas de los seres de quienes lo esperabas, y aceptar en perdón absoluto que nadie te puede dar lo que tampoco tuvo.

rosa ante un conjunto de circunstancias adversas es en sí lo que forjará las tablas más sólidas para sostenerte en la vida. Verás la riqueza de no olvidar o amputarte de tu pasado, sino la importancia y la virtud que hay en trascenderlo.

Toda experiencia, por dolorosa y amarga que haya sido, lleva la posibilidad de ser un eslabón clave en tu cadena de crecimiento psíquico-espiritual que expande tus niveles de conciencia y comprensión del misterio y aventura de la vida.

La aceptación es un acto de valor. Es abrirte para asimilar la experiencia de todo corazón, tal y como fue, con entendimiento y perdón absoluto, con fuerza para afrontarla y humildad para tomar de buena gana la lección que representa.

Sólo desde la genuina aceptación de tu experiencia podrás trascenderla y enriquecerte de la lección y bendición detrás de ella. Cuando asumes esta actitud ante la vida, todo, incluso hasta la dolorosa experiencia de la pérdida de un ser querido, se convierte en un verdadero tesoro de enriquecimiento en tu proceso evolutivo. No podrías enriquecerte nunca de la experiencia y significado profundo de la pérdida de un ser amado si no has aceptado antes su partida.

El acto volitivo de la renuncia es en sí el acto más valeroso, y el último que efectuaremos en nuestro camino por esta Tierra, al ser la muerte la entrega de la vida misma, el último "sacrificio". Sólo aceptando que tu muerte algún día llegará, podrás darle a cada día de tu vida un sentido más rico y mucho más lleno de sentido.

Tesoro perdido

En esos *loops* mentales, en esa escena reproduciéndose hasta el infinito, dejaste algo clave: la habilidad de postergar la gratificación.

Este principio de "hacer lo no deseado antes que lo deseado" se va formando o deformando desde muy temprana edad. Comienza alrededor de los "terribles dos" cuando el niño aprende a hacer una serie de "tratos y renuncias" para complacer a las figuras papá y mamá.

Este principio sólo puede desarrollarse cuando existe una niñez lo suficientemente estable como para que el mensaje recibido durante la formación sea que el mundo es un lugar seguro y confiable, lleno de seres igualmente seguros y confiables, en donde hay una congruencia entre el decir y el hacer de las figuras importantes.

Este paso a la maduración psíquica sólo se logra de forma sana cuando detrás existió la certeza de que la gratificación ahí estaría y que en efecto, ahí estuvo. El niño ve esta constancia y congruencia como una señal de que el mundo es un lugar confiable, seguro, positivamente predecible, en donde X precede a Y, y Z siempre viene después.

Quedó grabado un patrón armónico de secuencias.

"Cuando no se desarrolla una habilidad natural, por lo menos básica, a postergar la gratificación en una temprana edad, la edad adulta se ve seriamente influida por conductas adictivas aparentemente fuera del control del individuo". [23]

---

[23] Peck, S. *The Road less Traveled.*

Alrededor de los 8 o 9 años de edad comienza a observarse una clara tendencia, natural o no, a este postulado, pues se exhiben conductas claras con respecto al punto. El niño que acepta de buena gana que debe hacer la tarea antes de ver las caricaturas en la tele o comerse hasta el final lo que más le gusta de su variado plato. Aceptar hacer lo menos deseado –lo que sea– antes que lo más deseado. En este proceso aprendemos algo básico: el goce que se obtiene en la labor no deseada por la anticipación de la recompensa que vendrá después. En otras palabras, el gusto natural por actuar a favor de nuestro crecimiento, pilar clave de la autoestima.

Quizá en esta etapa de tu infancia estuviste plagada de inconsistencias y contradicciones... Tus padres te prometían una cosa, hacías el esfuerzo, pero la recompensa, por el motivo que fuese, no llegaba. Quizá tuviste padres del clásico "haz lo que digo y no lo que hago" creando en ti una serie de confusiones en cuanto a lo que es sano y bueno: el amor, la aceptación, tu lugar en el mundo. La falta de coherencia lastimó la sustentación de tu valía. Se forjó en ti una actitud de "tomar mientras podías", pues creciste en la desconfianza y en la incertidumbre. No sabes postergar, porque en el fondo tienes temor de que si no tomas ahora, no habrá gratificación.

También es probable que tengas esta herramienta parcialmente desarrollada. En algunas áreas tienes, incluso, una sobre habilidad para postergar la gratificación, mientras que en otras la tienes nulificada; esta misma inhabilidad se manifiesta en diferentes patrones, pero la raíz del problema es siempre el mismo y de la misma índole pues te llevan al mismo callejón sin salida: el que termina en una vertiente de autodestrucción.

Siempre habrá fallas en este ciclo de la infancia dado que nadie tuvo los padres perfectos. En mayor o menor grado, pero siempre ocurrirán. Es importante revisar esta fase de la vida. Ahí se firmaron los acuerdos más determinantes. No sólo aprendimos a caminar, sino la forma en que pasamos esta etapa determinó posturas que después adoptamos en nuestro andar por la vida.

Sentimientos y situaciones precipitantes

Durante un episodio bulímico es fácil observar esta actitud de tomar ahora... Quieres sentirte bien ya, tomar mientras puedes y cuidadito si alguien se pone en tu camino. Lo pondrás en la agenda del olvido más rápido que aprisa. Este deseo de gratificarte no es más que la suma de tus impulsos y necesidades emocionales no saciadas... En ese momento sería imposible detenerte.

En ese libreto prefabricado en el que estás girando se desatan innumerables estados de ánimo. Dado que el ciclo atracón-purga te devalua, crearás situaciones que cubran tu necesidad de castigo y conmiseración.

Tus asociaciones con la comida, con la nutrición, en otras palabras, una de las manifestaciones de amor, corresponden a la asociación del concepto con una serie de sentimientos y sensaciones negativas. El dolor es la parte constante de la ecuación... Como esto literalmente es una adicción, irás creando cada vez más situaciones que te produzcan dolor y frustración; por ese dolor, proporcionalmente crecerá tu necesidad de castigarte por no ser la heroína perfecta que crees que eres, creando y perpetuando la existencia de factores devaluatorios externos que te hagan recurrir al ciclo atracón-purga.

Compáralo con un tablero de damas chinas, tienes que brincar una pieza para poder dar cualquier paso. Durante el episodio bulímico, tú pisas, pasas por el atracón con tal de llegar a la purga. No te puedes purgar si no tienes de qué purgarte. Lo que quieres es ventilar coraje e ira. Esa es tu adicción primaria; la adicción al efímero sentimiento adormecedor y reconfortante que experimentas durante el atracón es la secundaria. Quieres paz y quieres reconfortarte, pero también quieres lastimar, sufrir y lamentar. Estas son tus adicciones de apoyo que garantizan la sustentación de las dos primeras.

...dado que es una adicción, cada vez iras creando situaciones que te produzcan dolor y frustración. Por ese dolor, proporcionalmente crecerá tu necesidad de castigarle por no ser la heroína perfecta que crees que eres, perpetuando la existencia de factores externos devaluatorios que te hagan recurrir al atracón-purga, con tal de liberar tu ira reprimida.

Es como el dolor físico. Digamos que tuviste un accidente y te lastimaste en varias partes. Tú sólo serás capaz de registrar el más agudo de los dolores. Conforme se vaya removiendo el dolor principal, sentirás el que le siga en intensidad. Es como el "muegano" de emociones que te llevan a un episodio atracón-purga.

Tienes una adicción fisiológica a tus estados de ánimo y para satisfacerla, crearás todas las condiciones necesarias. Un desorden alimenticio atiende a una cantidad compleja de recuerdos holográficamente impresos en tu memoria. Tus asociaciones con el sentimiento de amor están ligadas a las de frustración, enojo, tristeza, abandono, angustia, depresión, autocrítica desmesurada, por las cuales ya tienes una adicción fisiológica creada.

La única forma de salir de aquí es deteniendo y sustituyendo patrones.

Trata de ver la película en cámara lenta... Te despiertas. De inmediato entra tu preconcepción de la realidad con respecto al libreto prefabricado de vida... ¡Boom!, hasta despertar te pesa. Te levantas, de mala gana, sintiéndote mal contigo misma; empiezas el castigo con una sobredosis de autocrítica de camino a y durante la ducha. Ves tu figura en el espejo y sacudes la cabeza, te cubres e intentas maquillar tus inseguridades. A la hora de vestirte ya estarás instalada en la mártir que no tiene nada que ponerse. Cuando bajas a desayunar, ya estas lista para darle rienda al enojo con tal de llegar al punto de alivio. Para cuando llegas a la escuela o el trabajo, ya vas de nuevo muy instalada en tu papel de víctima... y la rutina vuelve a empezar...

¿Que es primero? El estado anímico determina al físico o el físico al anímico. La respuesta es que los dos se determinan, uno mantiene al otro. No importa en qué orden. Para que una secuencia se detenga, el patrón tiene que interrumpirse. Es como un perro que va tras su cola. No importa por dónde lo pares, si le jalas la cola o lo agarras de la cabeza, no importa, el patrón se detiene de inmediato. Si tú dejas de ser la víctima, no necesitarás reventar tu frustración en el excusado. Cuando dejes de pensar en ti como a la que todo le pasa ajeno a ella misma, retomarás las riendas del juego.

Quizá sepas esto tan básico y no quieras hacerlo porque eso implicaría asumir de buena gana el hecho de renunciar a tu adicción, o bien, porque sabes que recuperar las riendas te hace a ti, y a nadie más que a ti, completamente responsable por lo que te suceda o te deje de suceder.

Identificando sentimientos predominantes

Para poder detener el ciclo, antes de que te "enganches" en piloto automático, es vital identificar la adicción a los sentimientos que te llevan a caer.

Comer en exceso sirve como un silenciador de emociones (las más comunes son ira, dolor y soledad) con las que no te quieres enfrentar, y el punto de purga es la fase de contención al sentimiento más predominante e incontenible: tu catarsis, tu liberación. Es muy probable que tengas una serie de asociaciones negativas con respecto a esta emoción (enojo), que ni es mala ni es buena, es humana. Qué hagas con ella y cómo la manejes es lo que determina que sea positiva o negativa.

Quizá en tu niñez te taladraron la idea de que "las niñas bonitas no se enojan", empezando en casa, continuando con tus maestros y perpetuado por tu pareja.

Analiza la forma en que manejas tu enojo. Mientras más agresividad te niegues a reconocer, más acumularás... La rabia de no saber qué hacer con tu rabia desencadena más rabia, y te seguirás agrediendo por medio de episodios bulímicos o bien, con alguna otra forma de adicción.

El enojo más difícil de reconocer y trabajar es el que ni siquiera te permites sentir; pero que ahí está, disfrazado de culpa... Culpa por sentir enojo, por sentir en alguna parte de ti que lo que no recibiste y los infortunios que ocurrieron fueron por tu culpa, por alguna falla tuya; al hacerlo, niegas o reprimes tus carencias por no considerarte digno de recibir algo más de lo que recibiste, y dejas de reconocer que un severo daño te fue causado.

Paradójicamente, mientras más ira reprimes, más acumulas. Tratas de minimizar el daño con tal de minimizar el dolor de sus consecuencias. Tarde o temprano tendrás que quitarte la venda de los ojos y ver las cosas y sucesos de tu vida en la justa medida de lo que fueron. No puedes perdonar lo que niegas que existe...

Para moverte de aquí, el perdón es un requisito; pero el perdón genuino es imposible sin reconocer el enojo... Por ello muchas personas desisten en el proceso de cambio, no saben cómo atravesar esta fase, o niegan su existencia y así creen llegar al perdón. Si no aprendes a manejar el enojo, éste seguirá haciéndose manifiesto de forma destructiva. Antes de convencerte a ti misma de que tú no estas enojada, antes de que te creas el discurso ganador acerca de cómo dicha emoción no pertenece a tu repertorio, mejor pregúntate cuántos años llevas vomitando. ¿No crees que ya es hora de reconsiderar tu postura de la niña buena que nunca se enoja?

Reconfortantes y adormecedores

Un reconfortante es todo aquello que te proporciona alivio, aunque sea temporal... Un adormecedor es un distractor que aquieta un sentimiento de angustia y sirve como escape evasivo... Un adormecedor y un reconfortante por lo general van juntos.

Estos dos son la mancuerna perfecta... Por ejemplo, en el ciclo atracón-purga: uno es el adormecedor y el otro el reconfortante. El cigarro y el alcohol; la televisión y la comida. Vas creando mancuernas, parejitas de adicciones, que se sostienen una a la otra.

El caso del alcoholismo claramente muestra cómo un elemento (el alcohol) representa ambos papeles. La persona toma para reconfortarse, y para no ver los daños que su alcoholismo causa, bebe para adormecer su conciencia. ***Tú comes para tratar de llenar huecos afectivos y callar tu necesidad autocastigo, y para liberarte de la culpa por tu imperfección, vomitas.*** Te sientas a ver la tele para distraerte de tu obsesión, y te pones a comer para evadir la culpa y aquietar la ansiedad por no tener la figura de las modelos que aparecen en la pantalla. Éstos son tan sólo algunos ejemplos para que ubiques cuáles son tus man-cuernas, cómo sustentas tus enganches y analices cómo esta construida tu red de adicciones.

Lo primero que le des al cuerpo al despertar, es lo que te pedirá... Si tú te despiertas, y en ese proceso comienzas a instalarte en el temor, tendrás un día lleno de angustia, te lo garantizo. Tienes que tener cuidado con tus pensa-mientos, todos y cada uno de ellos determinan tu estado de animo, la realidad y la experiencia que manifiestas en tu vida.

La enseñanza de la enfermedad

La enfermedad es el lenguaje por el cual la ola enferma del inconsciente colectivo se comunica.

Comprende que todos los síntomas y la enfermedad en sí han sido elegidos por ti, para comunicarte algo acerca de ti mismo por medio del inconsciente colectivo. Como ya se te olvidó que tú lo elegiste, ahora ves los síntomas –la enfermedad con la cual ya te identificaste– como algo fuera de ti, algo "que te pasó".

Olvidaste que tú, consciente o inconscientemente, deci-diste entrar ahí. Dado que tu frecuencia mental vibra en el rechazo, tú te sintonizas con la frecuencia enferma afín del inconsciente colectivo; tu mente "adopta" la enfermedad correspondiente y el cuerpo empieza a hablar su lenguaje a través de los síntomas.

En el momento que se da el fenómeno de la "identi-ficación" con la enfermedad, se pierde la conciencia de la elección. La persona y el objeto de la identificación se convierten en uno mismo. Pero tú ahora, en el papel del sujeto identificado, ves al objeto de tu identificación, la

enfermedad, como algo en lo "que caíste", "algo que te sucedió", "algo que aún no logras comprender como te pudo
pasar a ti".

Estas utilizando a tu cuerpo para captar el lenguaje
detrás de la enfermedad adoptada, pero lo has olvidado.
¡Los síntomas te hablan acerca de ti misma con una honestidad que ni tu mejor amigo en cinco vidas se atrevería!
Ésta es la enseñanza detrás de la condición de enfermedad
o adicción.

Tú elegiste identificarte con la enfermedad; la hiciste
tuya. Los síntomas son el lenguaje de algo que tú escogis-
te, para decirte algo acerca de ti misma que te has negado
a reconocer de manera consciente. Considera esto profundamente. Sobre todo antes de literalmente lacerarte el
cerebro por medio de una leucotomía límbica* para ver si
así acabas de olvidar cómo fue que todo esto sucedió.

Pregúntate, ¿por qué estoy utilizando a mi cuerpo como
el receptor de este mensaje? ¿Por qué elegí este lenguaje?
¿Qué me estoy queriendo decir? ¿Qué es lo que me estoy
tragando? ¿Por qué vomito mi vida? ¿Qué dice esta condición acerca del momento histórico que estoy viviendo?

La leucotomía te priva de esa virtud y de ese derecho.
No habrás despertado al por qué ni al para qué detrás de
tu condición de adicción. Crémelo, los verdaderos tesoros
están ahí... El sufrimiento ya vivido tiene un gran significado, ¡no dejes ir esta indescriptible recompensa! ¡Es el
único sentido de la enfermedad!

Medita y cuestiónate: ¿Qué me quiero decir a través de
esto? ¿Por qué estoy utilizando mi cuerpo como el receptor
de este mensaje? ¿Por qué me odio? ¿Qué me impide mis
síntomas? ¿Qué estoy dejando de hacer por tenerlos?

Subiendo la escalera

Pasando los puntos de resistencia

Amarte es un acto volitivo. Es tu disponibilidad de estirarte más allá de tus límites en pro de tu crecimiento espiritual, psíquico-emocional y mental.

En cualquier disciplina que emprendas, seguramente notarás un patrón. Al inicio es fácil, das un arrancón, después llegas a un punto en donde la velocidad baja, a ratos hasta pareces ir hacia atrás. Este es el punto de resistencia en el proceso de aprendizaje, que, una vez librado, es como si de repente dieras dos o tres pasitos al frente casi de golpe. La clave del crecimiento está en sostener y aguantar esta resistencia para pasarla, así sea por un milímetro.

Conforme vayas descubriendo todo aquello de lo que has venido huyendo encontrarás incidentes, sucesos, que no te serán ni gratos ni cómodos de enfrentar. No importa cómo la veas, será doloroso. Pero así, desde esta actitud que te permite ver las cosas como son, te darás cuenta de que junto a lo que no querías ver y es duro de manejar, están también tus más grandes tesoros. Haz de esto tu motivación para seguir caminando en tu proceso de recuperación. Así como dentro de tu sombra*, de tu yo repudiado, encontrarás aspectos de ti que representarán un mayor reto para su aceptación, recuperarás también otros que te sorprenderán conforme te vayas redescubriendo, regenerando y recreando.

Es aquí, en estas resistencias, que tendrás que ejercer tu acto volitivo de amor propio y extenderte más allá de tus límites. Lo primero que tendrás que recordar es que eres un ser impaciente por naturaleza. Sin juicio, sin condena. Sabes que puedes desesperarte rápido, y que tendrás una reacción de frustración ante la aparente falta de progreso. Es natural. Parte del rollo perfeccionista. Parte del folklor. Aquí está tu fuerza. Aquí está tu punto de entendimiento y crecimiento. No te atacarás, no te agredirás, ni te dirás nada negativo durante esta etapa. Créelo, es parte BÁSICA para librar los puntos de resistencia, y razón por la cual muchos se atoran y a la larga desisten. Si bien llegases a caer tantito en la crítica, te reirás y perdonarás de inmediato, y en compensación, intentarás verle el lado chistoso, porque créemelo, siempre lo hay, empezando por reírte de no poder reírte y por tomarte tan en serio. Así podrás mantener a tu perfeccionismo en perspectiva. Odia que lo ridiculicen (cuando aprendas a reírte de ti, con un poco de creatividad, te juro que te vas a dar las divertidas de tu vida). Sabes que lo vas a lograr, pero también ya aprendiste que divertirte durante el proceso no es sólo tu derecho, sino también requisito.

Trata de ver la situación siempre de buena gana. Hará toda la diferencia. Pasarás por las rachas duras mucho más rápido, y pasando el punto de resistencia, saldrás mucho más fuerte y segura de ti. Esas son las tablas que irás forjando en el camino...

Ante recaída

La recaída no sólo es parte natural de la recuperación sino que el proceso, caer- levantarse es en sí la recuperación. Esto es una cuestión cíclica no lineal, hasta que logres erradicar el patrón completamente de tu vida.

El proceso de recuperación es la habilidad de expandir el tiempo entre un episodio y otro hasta que el síntoma se vaya a remisión completa...

Estás saliendo de una adicción en el nivel más íntimo, pues la comida tendrá que ser parte de tu vida siempre, a diferencia del alcohol, o de cualquier otra sustancia adictiva. No puedes cortar con ella como lo harías con una droga. Ofrecete toda la tolerancia y comprensión... Esto es parte de lo que la enfermedad te quiere enseñar... Es una lección de paciencia, compasión y comprensión: ten presente que la paciencia es una virtud que sólo con paciencia se construye.

Recuerda que llegaste aquí por ser perfeccionista. Exigirte perfección en la camino de salida sería comprobar que sigues en el mismo rollo. En mi carrera de gimnasta alguna vez me preguntaron cuál era el ejercicio más determinante en una competencia, a lo que yo contesté: "el que venga después de un error o una caída".

Creo que sabes a dónde quiero llegar en este punto. Lo más determinante será el primer paso después de un tropezón, sobre todo si ya llevabas un rato a buen paso. Créemelo, es parte de la lección. No te permitas instalarte en la autocrítica... No mal interpretes, no te estoy diciendo que te solapes, pero si que no te permitas ir a la esquina del ring a darte golpe tras golpe de autocrítica y sabotaje.

> El adversario al que te enfrentas es tu perfeccionismo; exigirte perfección en el camino de salida sería la más absurda contradicción.

Es muy importante que no dejes de reconocerte tu merito sólo porque te tropezaste... ¡Sí, qué bueno que te molestes por haber caído! ¡Bravo! Eso es señal de que ya tienes un poco de autoestima. Antes estar tirada era tu estado natural, ahora sólo te tropezaste... Hay una gran diferencia. Tu valoración como paso uno, en vez de critica, es lo que hace la diferencia del mundo. Vete como una niña que iba caminando, se cayó y se lastimó la rodilla. Lo primero es recogerla, abrazarla, hacerle sentir que todo estará bien y luego enseñarle de la forma más amena, ligera –pero clara y contundente– en dónde estuvo su error.

Hazle a tu necesidad manifestada de forma destructiva una invitación al dialogo directo; no mandes a tu síntoma al rincón como a un niño regañado, pídele a tu síntoma que encuentre otra manera de comunicarse contigo, pídele que te enseñe una forma más gentil de crecimiento, pídele que cambie su lenguaje contigo.

Este proceso de autoanálisis requiere tiempo, honestidad e integridad en tu proceso de pensamiento... Acuérdate que suelen ser varios los factores que componen una caída; intégralos, ve su interrelación... Ponte un curita, saca un cuaderno y siéntate a platicar contigo... Ve la película en reversa. Pregúntate: ¿Qué estoy volviendo a estimular? ¿Cuál es la necesidad primordial que quiero saciar a través de mi conducta? Hazle a tu necesidad manifestada de forma destructiva una invitación al diálogo directo. No quieras mandar tu síntoma a remisión, como un niño regañado al que mandas al rincón. Sólo lo harás regresar con más fuerza.

Por favor, entiende bien este paso de la recuperación; es en sí *la* recuperación.

Es justo aquí donde más lecciones te está dando la enfermedad acerca de ti misma. Te confronta y vuelve a confrontarte con todo aquello de ti que te rehusas a reconocer, pero en y durante este proceso es que se da el fenómeno de tu reintegración psicológica. Podrás ser capaz de ver y caminar con tu sombra*, sin actuar desde ella.

Proceso de perdón

Agresor y agredido

En tu proceso de perdón, tendrás que reconocer los dos bandos que jugaste, el agresor y el agredido. Fuiste ambos, y ambos ejercieron una misión por algo, y mientras no unas esta parte de ti, mientras no integres esta parte de ti por medio un proceso de perdón genuino, será una gestalt* más que llevarás abierta.

Tienes que reconocer que te has causado dolor y te has tratado de manera indigna... Si en algo vas recuperando tu autoestima, sentirte enojada por el daño injustamente recibido es algo muy sano. Tú te causaste ese dolor. Obsérvalo por fuera. Ve la película. Por el motivo que quieras, tú incidiste en actos de autodegradación. Mientras no te conscientizes y experimentes vergüenza y arrepentimiento genuinos por tu conducta, nunca acabarás de hacer las paces contigo o no saldrás. No seas un verdugo, en lo absoluto, pero no dejes de reconocer que cometiste serios daños y abusos contra tu persona. Actúa magnánimamente a la hora de tu evaluación, y atrévete a tocar la vergüenza por tus actos.

Ahora, salte de ahí y sé la contraparte... Tu parte agredida tiene todo el derecho a estar molesta. A esta parte de ti de nada le servirá pretender que no pasó nada... Acuérdate, caíste aquí porque quieres complacer a los demás constantemente, esa parte de ti puede querer complacer a tu agresora. No se vale. Tienes que estar molesta contigo. Es precisamente cuando recuperas tu autoestima que te queda claro que no te merecías eso, y que tienes derecho a estar molesta por haber recibido ese trato cuando lo único que buscabas era un poco de cariño.

Es probable que tengas esa parte de ti tan suprimida que hasta estés convencida de que no existe ya; que ni siquiera tiene el derecho de quejarse...

Éste es un comportamiento lógico cuando te has agredido tan bien y por tanto tiempo. Esa parte de ti cree que se merece el daño y abuso recibido, y cuantas veces trató de expresarse y detenerte, peor le fue.

Éste es un ciclo aparentemente innecesario, precisamente porque suprimirás esto hasta el fondo; pero ésta parada es tu última frontera. Tú contigo. No es cómodo, no te voy a mentir. Es duro verte al espejo y reconocer que te hiciste lo que a un perro jamás te atreverías... En mi caso, por ejemplo, las palabras, por más que lo intenté, fueron insuficientes para poder explicarme a mi misma la tremenda falta en la que había incurrido. No tenía manera de explicármela y, al no poder hacerlo, precisamente al no pretender justificarlo, toqué fondo, el profundo: ¿cómo, en el nombre de Dios, fui capaz de hacerme eso? Sentirás quebrarte internamente, pero te doy mi palabra que al reconocer la inconciencia de lo que hiciste, la conciencia se hace presente y te libera. Habrás tocado el perdón.

Las reglas del juego

Nadie es responsable por ser lo que en esencia no puede...

Todos recibimos una cantidad determinada de talentos, con los cuales abrimos nuestro potencial para realizarnos plenamente. En la trascendencia de las limitaciones y aparentes infortunios es en donde residen la virtud y excelencia del ser y de donde salen la inspiración y las agallas para pintar el cuadro de la vida.

"A todo ser humano se le otorga un lienzo en blanco, pinceles, pinturas, un caballete y cierta capacidad creativa. No recibe más que una cantidad determinada de pinturas y pinceles, que varían de calidad, así como su lienzo, que puede ser más o menos grande. Esas son sus limitaciones y sus herramientas de trabajo.

¿Y las reglas del juego? Sólo cinco:

Primera: una vez hecho un trazo jamás podrá rehacerlo ni borrarlo; cada pincelada quedará marcada para la eternidad; **segunda**: no puede optar por la abstinencia, pues en cuanto dejara de pintar, el cuadro se marcaría de inmediato con pintura negra; **tercera**; ignora cuánto tiempo tiene para realizar su obra de arte; **cuarta**: nadie puede ayudarlo, debe hacerla por él mismo (aunque puede observar las creaciones de otros); **quinta**: al terminar su tiempo deberá firmar la obra. Con esas condiciones debe pintar el cuadro de su vida; cómo lo haga depende de él."[24]

Miedo a la libertad, falta de sentido y vacío existencial

"La libertad, esa capacidad inalienable para elegir el propio camino, esa propiedad a la que nadie puede renunciar, impone una pesada carga sobre el ser humano: la incertidumbre, la angustia de no tener un camino prefijado, la desorientación, la carencia de rumbo, el caos."[25]

---

[24] Villanueva R., *Idem*, p. 27.

[25] Frankl, 1947. Fromm, 1951; Bugental, 1965; Yalom, 1980; Villanueva, 1985, 1988.

Los seres humanos somos afines en cuanto a que todos somos una expresión individualizada del Todo. Sin embargo, somos un conjunto de individualidades, a menudo pretendiendo no serlo, "fundiéndonos de forma simbiótica y narcisa con las organizaciones, instituciones, corporaciones y grupos sociales que nos rodean".[26]

Estás en una sociedad en la cual te sientes presionada por elegir, en la que tienes que saber, *debes saber*... Pero la verdad es que la gran mayoría no elige, sino sólo sigue patrones preestablecidos por los modelos a seguir en su vida y opta por el que aparente ser el mejor camino dentro de las opciones planteadas ad-hoc a su contexto socioeconómico y cultural.

> Por escapar del sentimiento de culpa existencial pretendes ser sólo una gota más en la ola inconsciente que viene y va sin saber su origen ni conocer su destino.

Es vital entender que está bien no saber... Es más, se requiere de mucho valor para decir: "No sé qué es la vida exactamente y no sé por qué estoy aquí, pero estoy en disposición para cuestionarlo y re-cuestionarlo en cada momento".

Estar solo en tu no saber individual y genuino es infinitamente más valioso que fundirte en el "creer saber" colectivo.

Ésta es la esencia de la vida: aceptar con valor y entusiasmo el viaje hacia una aventura incierta, por la cual eres responsable a cada instante. Darte el tiempo para detenerte y tener valor para preguntarte: ¿Qué sentido tiene mi vida?

El deseo inconsciente de no querer despertar es humano y comprensible, pues, en cuanto reconoces que eres libre para decidir y elegir, eres responsable por lo que hagas o dejes de hacer con tu vida.

---

[26] Fromm, E., *El miedo a la libertad*, 1951.

Pero esto puede causar un sentimiento de angustia tal, que "por escapar del aplastante sentimiento de culpa existencial, es común que el hombre niegue su responsabilidad por no ser todo aquello que podría, su verdadero Ser, y trate de huir extraviándose a sí mismo en la corriente humana que lo rodea, fundiéndose en la masa y confundiéndose con ella, perdiéndose en el anonimato de la conformidad gregaria",[27] "pretendiendo ser sólo una gota más de la ola inconsciente que viene y va sin saber su origen ni conocer su destino".[28]

Tu camino es único. Nadie lo puede trazar o definir por ti. Por más que intentes unirte al camino de otro, tu soledad no se llenará porque nadie sobre esta Tierra puede llenar esa sed existencial.

¿Por qué huimos ante el sentimiento de finitud...?

Los seres humanos huimos de este sentimiento a toda costa, creamos enganches, desde distractores hasta adicciones a cosas y a personas, lo que sea con tal de huir de la individualidad, evadiendo la responsabilidad existencial y el angustiante sentimiento de finitud.

Tu personaje nadie más que tú lo puede llenar ni lo podrá repetir. Eres así de grande y eres así de diminuto. La realización de esta idea trae en primera instancia un sentimiento de soledad ineludible. Es la aceptación de que nadie en la historia del cosmos sentirá las cosas como tú... Nadie podrá comprenderte plenamente, y por más que los otros lo intenten, sabrás que finalmente es su fantasía acerca de ti en un

> En la historia de la raza humana, en la historia del cosmos, nunca habrá algo que se manifieste como tú ahora y como lo que tú eres. Jamás. Tu ser es único.

---

[27] Idem.

[28] Villanueva R., Idem.

momento determinado. Tus experiencias sólo tú las vives, nadie más. Lo que tú amas, nadie lo podrá amar como tú: tu vivencia es única. Para aquietar esta angustia, soledad y aislamiento, con tal de evitar reconocer esta aparente separatidad, y finitud, te fundes de forma simbiótica y narcisa en cualquier tipo de relación, a tal grado que no permites una sana relación entre un tú y un yo, pues vas tras de todo tratando de hacerlo "tuyo".[29] Una extensión de ti, para ti, que te dé a ti. Una transferencia de tu yo narciso, mas no una trascendencia de tu Verdadero Yo.

> Cualquiera que sea la conducta que adoptes para evadir el despertar de tu conciencia te llevará a tu suicidio existencial.

Hay seres que se pasan literalmente una vida entera en la perfección de su súper ego y la aniquilación del Ser, nutriendo a la más superficial de sus caretas e ignorando la más profunda e íntima de sus naturalezas.

"La única forma de trascender la propia finitud y el sentimiento de separatidad es aceptándolos: cuando un individuo les da en realidad la bienvenida, comienza a vivir con verdadera intensidad su aquí y ahora; entonces su existencia se torna creativa, productiva, pues el ser se crea y se descubre a sí mismo en cada momento. Así principia una vida llena de riquezas y valores tan inagotables y profundos que encuentra la eternidad en cada instante; y al despedirse de cada vivencia, encuentra otras nuevas experiencias tan llenas de significado, que entiende el valor de la vida. Sólo aceptando la oscuridad de la noche se pueden descubrir las estrellas. Es por ello que aprender a morir es aprender a vivir, y aprender a vivir es aprender a morir."[30]

---

[29] Frankl, Maslow, Erikson, Rogers, Villanueva.

[30] Villanueva R., *Idem*, pp. 31-32.

Escuchando tu llamado

Vocación... La voz y el llamado... La palabra, del latín, vox, significa voz.

La voz por la cual eres llamado... Todos tenemos vocación. Tu misión es encontrar la tuya y escuchar el llamado que hará que te desempeñes de forma natural en el que es en verdad tu destino, único, que nadie más que tú puede llenar.

¿Cómo encontrar esa voz? ¿Cómo saber cual es nuestro llamado?

Osho lo resume divinamente: "Deja que la auténtica felicidad sea tu criterio a seguir". Don Juan claramente se lo dice a Carlos: "Un camino sin corazón, no es camino de verdad". Aprende a escuchar la voz del corazón, lo sublime de la intuición y atrévete a seguirlas. Es un acto de fe.

Hay algo en lo que tú fluyes, que hace vibrar tu ser de alegría..., y en lo que probablemente tengas talento natural. Por eso los llaman dones..., tus regalos para este viaje... La ley del orden divino jamás querría ni esperaría de ti que te realices haciendo algo que te haga desdichado. Esa es una falsa creencia. Encontrar tu vox lo único que pide es ese acto de fe, que escuches y que atiendas al llamado. Ahí esta tu realización.

> El amor que plasmes en cada uno de los pasos de tu proceso evolutivo son las únicas riquezas que te llevarás contigo cuando tu tiempo aquí haya terminado...

Haz lo que amas y el éxito será tan sólo consecuencia natural... Serás rico, pues todos tus actos en el desarrollo de tu vocación estarán llenos de sentido.

Cierra los ojos... medita... escucha... ¿cuál es mi llamado?

Autotrascendencia y voluntad transpersonal: el porqué y el para qué de la vida

¿Qué determina pues al hombre? El hombre mismo, y de sus decisiones, no de sus condiciones, depende si elige o no actuar conforme a la conciencia, realizarse con respecto a un orden natural e invisible de todas las cosas, y trascenderse a sí mismo.

¿Qué significa la autotrascendencia? ¿Cómo saber si se está caminando en el sendero a ella?

La profundidad y significado que encontrarás en cada vivencia te lo dirá claramente. Sabrás, de alguna forma, aunque no puedas explicarlo, que "estás en donde debes estar, haciendo justo lo que estás haciendo". Es. Se siente. Las palabras que me abrieron a la comprensión de lo que significa la trascendencia las comparto contigo:

"Una de las grandes lecciones aprendidas durante los años en Auschwitz y en Dachau —*ceteris paribus*— (entre otras de igual valía), es que los más aptos para sobrevivir los campos fueron aquellos orientados hacia el futuro —hacia una labor, una meta, una obra inconclusa, una persona amada, algo que sólo ellos podrían llenar, yaciente en un punto futuro. El mensaje —el legado— reside en darle a cada momento del existir un 'para qué' o un 'para quién'. Puesto de otra forma, la autotrascendencia...

"...Sólo a la medida en la que el ser humano esté viviendo desde su trascendencia, es que realmente encuentra a y ejerce desde su Verdadero Ser, de tal forma y con tal intensidad, que puede lograr que sobreviva hasta las más extremas de las circunstancias."

Dar de ti, por algo más allá de ti para dejar de ti. Ésa es la esencia de la autotrascendencia...

Si no tienes un "para qué vivir" tu existir será monótono, apático, carente de sentido. Perderás el entusiasmo (del griego, *enthus*, el Dios en ti) por la vida. Cubrir tus necesidades de subsistencia no basta, no le da sentido al existir. Observa sociedades como la suiza. Tienen el *welfare system* más eficiente y uno de los ingresos per cápita más alto del mundo; sin embargo, es uno de los países con mayor número de suicidios. Después de vivir ahí poco más de un lustro, me queda claro por qué: si al ser humano se le quita la necesidad de luchar por él mismo, se le ha quitado el sentido a su existir.

Observa el fenómeno en los grandes herederos del jet set, quienes nacieron con los medios, la fama, la belleza física, y en algunos casos sus vidas no son más que una avenida que parece llevarlos de una encrucijada de autodestrucción a otra. Las personas que uno pensaría que "lo tienen todo".

Y pueden tenerlo, todo, menos una cosa: un por qué vivir, y en la ausencia de ello, la auténtica felicidad jamás es posible.

Lo único que se opone a tu voluntad transpersonal, a la realización del Ser, es el impulso de conservación de tu ego, que, sintiéndose diferente y separado del resto del cosmos, se rehúsa a fundirse con el absoluto que es en sí su esencia real y verdadero hogar.

> Si no tienes un por qué vivir, tu existir será monótono y carente de sentido. La sed del Ser por realizarse, por trascenderse, no se sacia en el mundo material.

Trascender es nutrir y atender a la naturaleza más íntima de tu Ser... aceptando plenamente el principio de la paradoja humana; es actuar conforme a la Conciencia absoluta, partiendo desde algo más allá de ti, para trascenderte, por encima de cualquier dicotomía.

Esto es la vida plena, el infinito de cada instante, donde la inmortalidad del Ser reside... donde se atestigua que los actos en la Tierra hacen eco en la eternidad... El espejismo de separatidad esencial se desvanece; sonríes al ver que, en verdad, el goce de Buda en su iluminación y la agonía de Cristo en la cruz son uno mismo.

"Cuando un individuo ha trascendido su ego, cuando se encuentra en el eterno proceso de autorrealización, brotan sin traba de su esencia sus necesidades más profundas, y se percata con toda claridad de que lo que en realidad quiere, y valora por encima de todas las cosas, es la verdad, la bondad, la belleza, así como la totalidad y trascendencia de cualquier dicotomía, siendo el motor vital la unicidad y la perfección inherente de todo cuanto existe, despertando pues al Dios ignorado yaciente en el corazón de todo humano para fundirse y realizarse desde su verdadero Yo que es uno con el Todo."[31]

VÍKTOR FRANKL 1905-1997

---

[31] Frankl, V. (1978), *The Unheard Cry for Meaning*, Psychotherapy & Humanism.

Hacia la realidad del nuevo pensamiento

Una vez que subes la escalera, llegas a la noción plena de que tú y el Creador son uno mismo. *Tú creas tu realidad.* A todo momento y a cada instante. A partir de aquí, te pido que expandas y sueltes todos tus conceptos de la realidad de consenso y los dogmas establecidos para que te abras a comprender el fenómeno del universo y las leyes inmutables bajo las cuales se rige.

Piensa…

Eres uno de innumerables pasajeros en una gran nave, empujando a través de vastos océanos de espacio hacia un destino desconocido. No tienes que imaginarlo. *Eso eres.* Una criatura humana… un espíritu… un alma… con una conciencia de un "yo soy yo", dado en forma a través del cuerpo, por medio del acto creativo de tu padre y madre, y destinado a pasar un rato largo o corto en una gran bola llamada planeta Tierra para después dar un recuento, responsable o no, de ti mismo.

Se te dio el presente, el pasado y el futuro dentro de tu manifestación física: tu instinto animal, que te une a todo ese reino, es tu pasado; tu mente humana, tu presente; tu inteligencia intuitiva, tu futuro.

Para llegar a dominar tu poder creador es indispensable que entiendas cómo funcionan las herramientas de trabajo con que fuiste equipado para el viaje humano.

Entendiendo cómo funciona la mente

El cerebro no reconoce la diferencia entre lo que ve en su entorno y lo que recuerda, dado que es la misma neuro red la que se dispara al ver un objeto y cerrar los ojos y recordarlo. El cerebro está hecho de pequeñas células nerviosas llamadas neuronas. Éstas tienen ramas que se extienden y se conectan o ensamblan con otras neuronas para formar una neuro red. Cada lugar en donde conectan está integrado a un pensamiento o a un recuerdo.

El cerebro construye conceptos por la ley de memoria asociativa: ideas, sentimientos, todos son construidos dentro de una neuro red. Las células nerviosas que se disparan juntas se ensamblan juntas. Cuando se practica una conducta una y otra vez, éstas células nerviosas empiezan a formar una relación a largo plazo unas con otras.

Si estás triste o de mal humor a diario, estás reconectando constantemente esa neuro red, por lo que ahora ya tiene una conexión de largo plazo con otras células nerviosas agrupadas como una "identidad".

La identidad se debilita y a la larga se disocia cuando te detienes e interrumpes el proceso de pensamiento que conlleva a la elaboración del proceso químico... A cada estado de ánimo le corresponde un bioquímico determinado que crea una cierta cantidad de nueropéptidos* (pequeña cadena de secuencias de aminoácidos). "Cuando interrumpes un patrón de conducta y observas los efectos, evitas ser el personaje cuerpo-mente-emoción que responde a su entorno como si fuera en piloto automático, y dejas de crear situaciones para satisfacer una necesidad bioquímica. Rompes tu cadena de adicción."[32]

> A cada estado de ánimo le corresponde un bioquímico determinado: estado de ánimo que repitas, es un estado de ánimo al cual te volverás adicto.

Adicción fisiológica a tus estados de ánimo...

Sin embargo, operas por lo general desde un sitio emocionalmente sobrecargado, y en consecuencia, no operas como un todo. Eres adicta fisiológicamente a crear y recrear situaciones, viviendo el hoy como si fuese ayer.

Un ejemplo clásico, para comprender la adicción fisiológica y el papel que juega tu mente. Estoy segura de que te has hecho "el juego de las llaves" más de una vez en tu vida: o no las encuentras cuando tienes que salir de casa, con el tiempo medido, o bien, "crees" haberlas olvidado o extraviado justo cuando vas tomar un avión. El juego es que siempre las encuentras sin mayor complicación; estaban en un lugar "obvio", donde no se te ocurrió revisar antes de asumir el posible accidente. El clásico "¡chín, –las llaves! Ah no... aquí están..." Te ríes al ver que las traías en el bolsillo del pantalón, o que "mágicamente se deslizaron" al cierre de al lado de tu bolso. Sacudes la cabeza. "Cómo no se me ocurrió buscar ahí", piensas con gratitud y alivio, "antes de haberme metido el sustito".

> Como toda adicción, cada vez necesitarás una dosis más fuerte para satisfacer tu necesidad fisiológica.

---

[32] Hagelin, J., *Fisiología de la conciencia*; Dispenza, J. *Theater of the Mind*.

Ésta es la clave. Eres adicto al "sustito". A la descarga de neuropéptidos* correspondientes a ese estado de ánimo en particular, al aparentemente inofensivo "adrenalinazo" seguido por alegría y alivio. Inconscientemente te escondes las llaves para asegurar tu siguiente fix, tu siguiente coctel de adrenalina, éxtasis y valium natural... Como toda adicción, cada vez necesitas más "sustitos", variedad de sustitos, o bien, sustitos de mayor intensidad. Es todo un proceso de descarga química. Recuerda, a cada estado de ánimo le corresponde un péptido particular, y un estado de ánimo repetido crea adicción fisiológica.

Quizá el mismo incidente te lleve al enojo, en cuyo caso, el patrón es el mismo, el coctel cambia sus ingredientes a bilis y viaje de ácido, pero la adicción y su manifestación es la misma.

La característica número uno de las adicciones es que, literalmente, te ciegan.

Un ejemplo extremo. Seguramente has visto cómo alguien en la calle reacciona de forma completamente irracional ante un suceso. El clásico que es capaz incluso de sacarle la pistola al conductor de a lado que se le cerró. Esto ilustra claramente como esa identidad, esa agrupación de células adictas, en éste caso a la rabia y la ira, está buscando obtener su dosis de neuropéptidos, y por conseguirlo, sacará un suceso totalmente de perspectiva para asegurar su siguiente ración.

Observa otro fenómeno común dentro de tu mismo grupo de amistades. Seguro tienes una amiga que siempre llega tarde, y siempre llega tarde porque siempre le pasa algo. "A ver con que nos sale fulana esta vez", comentan entre tus amigas mientras la esperan afuera del cine... Y sí, fulana siempre llega, y siempre con un recuento que va desde el juego de las llaves hasta el de el elevador descompuesto, la junta de trabajo inesperada, la llamada de última hora... Algo le pasa siempre. Algo se le atraviesa siempre en el camino. La clásica víctima, y dependiendo de su necesidad de sentirse víctima será la magnitud de los sucesos que produce y eventos que atrae a su vida.

Si tiendes a ser impaciente, por ejemplo, con poca tolerancia a la frustración y de ahí brincas irracionalmente al enojo, seguramente a ti te tocan las peores filas en el banco, el correo se atascó dos segundos antes de que tú llegaras, el producto que querías se lo llevó el cliente en frente de ti... Desde tu impaciencia, estás generando estas situaciones y serie de circunstancias que te confrontan con aquello de ti que no quieres reconocer, continuamente. En todos colores y sabores, pero "la lección" se repite y se repite, y tú sigues y sigues cayendo, no porque no tengas fuerza de voluntad, sino porque ya tienes adicción a la descarga de bioquímicos que producen estos estados de ánimo. Cuando esa serie de cosas, filas, "ineficiencias del sistema y de la gente" te dejan de importar, interrumpes el patrón y te dejan de suceder.

Por ello es vital comprender que nuestras emociones están diseñadas para reforzar químicos en la memoria a largo plazo. En su libro *Fisiología de la conciencia*, el profesor John Hagelin, lo explica claramente: "un sentimiento no es más que recuerdos holográficamente impresos en la memoria... Sentimiento que no puedes controlar, que se repite, es sentimiento al que ya eres fisiológicamente adicto. Tu mente, consciente o inconscientemente, creará las situaciones necesarias para asegurar la dosis requerida. Mientras más repites el patrón, más permites que los estados de ánimo se corporalicen."

El hipotálamo es una diminuta fábrica dentro de tu cerebro, la más eficiente de todas las farmacias que produce los químicos correspondientes a las emociones que experimentamos. A cada emoción le corresponde un químico específico. En el momento que experimentamos alguna sensación, el hipotálamo reúne los químicos necesarios para crear los neuropéptidos* que entran al torrente sanguíneo hasta llegar a diferentes partes del cuerpo. Los neuropéptidos se conectan a las células que están "enganchadas" a ese estado de ánimo en particular.

La célula es la unidad de conciencia más pequeña en tu cuerpo, y toda célula es consciente. Cada célula está rodeada de miles de sitios receptores. Cuando "bombardeas" a tus células una y otra vez con estados de ánimo y pensamientos destructivos, los sitios receptores de nutrientes se van debilitando, y los sitios receptores del péptido nocivo se van fortaleciendo. La célula pierde su habilidad de manejar los tóxicos, porque ya esta intoxicada y debilitada. A la larga, la célula bombardeada, por su instinto de sobrevivencia, se duplica a sí misma, creando una célula hermana que ya nace con los sitios receptores adictos fortalecidos y con los absorbentes de nutrientes y manejo de desperdicios debilitados.

Los sitios receptores del neuropéptido nocivo se volverán más y más demandantes y te llevarán a crear más y más situaciones que te conduzcan a producir el bioquímico de tu adicción, y como cualquier adicción, siempre necesitarás un poquito más...

Así que como verás, no es lo que le haces a tu cuerpo realmente lo que determina tu salud y jovialidad, es lo que le haces a tu mente.[i]

---

[i] *Neuropéptidos*, varios autores: Dr. J. Dispenza, Dr. C. Pert, Dr. A. Goswami y varios (*What the Bleep*, Captured Light Productions).

Los tres tipos de inteligencia

Mapa

"Cuando el cuerpo funciona espontáneamente se le llama instinto.

Cuando el alma funciona espontáneamente se llama intuición.

Son dos cosas semejantes y a la vez alejadas entre sí.

El instinto pertenece al cuerpo, a lo burdo; la intuición pertenece al alma, a lo sutil.

Entre las dos cosas se encuentra la mente, la experta, que nunca funciona espontáneamente. La mente significa conocimiento. El conocimiento nunca puede ser espontáneo.

El instinto es más profundo que el intelecto y la intuición está por encima del intelecto.

El instinto y la intuición transcienden al intelecto y ambos son buenos".

Osho[j]

---

[j] Intuition, Knowledge beyond Logic, p. 13.

En ti tienes el pasado, el presente y el futuro por medio de tus tres tipos de inteligencia:

- *Instintiva:* tu pasado, que te une al mundo animal, pertenece al cuerpo; *el peldaño inicial de la escalera de la conciencia.*

- *Intelectual:* tu presente, tu inteligencia humana, tu mente. La que cree saberlo todo, pero carece de lo primitivo del instinto; *es la parte intermedia de la escalera de la conciencia.*

- *Intuitiva:* tu futuro, estado de perfección sublime y conocimiento pleno. Se hace presente a través de todo, todo el tiempo, pero el intelecto la calla con base en razones. La intuición es el conocimiento que trasciende, la lógica, *el peldaño más alto de la escalera de la conciencia.*

El prefijo "in" se usa en las tres, porque todas son innatas. Ser reconocidas o no, no altera en nada el hecho de que naciste con ellas, y que están en ti, esperando que las integres.

La intuición y el instinto nacieron en plena armonía, pero el intelecto los separó reemplazando un fluir natural de la vida por el conflicto de lo bueno y lo malo.

En la negación, condenación y disociación de los instintos como algo sano y natural es donde nacen los problemas y aberraciones del ser.

Cuando se bloquea el instinto, el cuerpo deja de funcionar de forma limpia y espontánea. Mientras que no comprendamos que el cuerpo no es malo, y que todos sus instintos y deseos son en esencia buenos, la sanación no es posible. Vivimos en una sociedad que condena el instinto, plagados por una serie de anuncios que indican desde cómo oler hasta dogmas religiosos que imponen culpa ante las necesidades naturales del cuerpo.

El problema se encuentra en el conflicto entre tu inteligencia más reciente, la intelectual, la humana, y la más primitiva, el instinto, la animal. La intuición no conoce otro daño más que el de ser constantemente ignorada, pero al ser de naturaleza espiritual, está siempre presente. Nunca desaparece, no importa cuánto la ignores. La intuición ni se adquiere ni se pierde.

Tú mismo has de creer que eres tu intelecto. Eso te han enseñado... "Tu intelecto, es tu punto de partida, no de llegada. Es un medio, no un fin. Las personas brillantes –iluminadas– son aquellas que utilizan su intelecto para trascenderlo.

El intelecto vive con base en prejuicios; nunca es noble. No puede serlo por su misma naturaleza pues no tiene experiencia. "El instinto siempre es noble y te muestra siempre el camino natural, el más relajado, el que sigue el universo. Sin embargo, todas las religiones han condenado al instinto y alabado al intelecto..."[33]

Cuando logramos aceptar la vida instintiva con alegría y sin culpa, le abrimos las puertas a la inteligencia intuitiva porque no son diferentes, sólo operan a diferentes niveles.

Dado que el instinto no ha sido integrado, nuestra sociedad sigue aún sin trascender su lado animal. Existe la enseñanza y adoctrinamiento para la negación, hipocresía, culpa y vergüenza con respecto a nuestra naturaleza instintiva; por ello el ser humano aún no logra dar el paso hacia su verdadero ser. Intelectualmente, transformamos

---

[33] Osho, Intuición: El conocimiento que trasciende la lógica, 2002, p. 27.

una era física en una virtual, pero la tierra aún esta llena de agresión, violación..., el desenfreno o supresión del instinto en plena acción.

El instinto es por naturaleza noble y bueno, pero si no lo educas y lo suprimes, también puede convertirse en un lobo salvaje. La falta de educación en este aspecto inherente al ser humano perpetúa la necesidad de cárceles y hospitales psiquiátricos.

Dado que el intelecto se siente superior, te dará razonamientos que justificará la presencia de otros razonamientos y tras de éstos pondrá otros más, proporcionando medios y medios, pero nunca fines. Dará explicaciones, justificaciones, argumentos y razones sin parar. El intelecto es sólo un instrumento ejecutor. El intelecto te ayuda a encontrar el camino para hacer una cosa determinada, o a encontrar el camino para no hacer una cosa determinada. Si quieres ir con el instinto, tu mente encontrará el camino. Si quieres ir con la intuición, tu mente encontrará el camino.

La mente justificará su presencia e importancia todo el tiempo, pero esto es sólo tu ego. Cuando pongas a la mente en su lugar, te sentirás realmente liberada. En la obra de tu vida, la mente es el trabajador, no el arquitecto, y mucho menos el inversionista.

Cuando permitas que tu instinto fluya libremente, no tendrá la necesidad de escaparse y manifestarse de forma destructiva... Para dejar de ser víctima de tus propios instintos es indispensable reconocerlos como algo integral en ti, sacarlos de tu sombra*, para así permitirles fluir libremente y sin conflicto. Tu "yo inconsciente"* y tu "yo

El intelecto siempre trata de dominar, y dado que tiene la lógica de su parte —la razón, los argumentos, mil pruebas—, consigue, en lo respectivo a la mente, convencerte de que el instinto es algo malo y la intuición algo fuera de ti con la cual debes conectar a través de intermediarios...

consciente"* comenzarán a trabajar juntos, y no uno contra el otro. Dejarás de ser arrastrada por la fuerza de tus impulsos, liberando así el verdadero poder de tu inconsciente-consciente. El día que hagas la paces con tu naturaleza instintiva, regresarás de nuevo a operar como un Todo. Te sorprenderás de cuán poderoso eres.

> Para dejar de ser víctima de tus propios instintos es indispensable reconocerlos como parte integral de ti, sacarlos de tu sombra, para así permitirles fluir libremente y sin conflicto.

La inconciencia, la conciencia y la supra conciencia

Mapa
En el centro de la supraconciencia está la intuición.
En el centro de la conciencia está el intelecto.
En el centro de la inconciencia está el instinto.

Imagina esto como una casa de tres pisos. Planta baja inconsciente, el segundo piso la conciencia y el tercer nivel es la supraconciencia.[34]

El instinto es parte de tu mente inconsciente. El intelecto es parte de tu mente consciente. **La mente consciente es sólo la décima parte de la mente inconsciente**. Como podrás ver, el verdadero control y poder lo ejerce el instinto, el inconsciente.

"Una vez que tu inconsciente esté completamente libre de represión, tu instinto será diferente. Estará unido a la inteligencia. Cuando tu inconsciente ya no esté reprimido, cuando ya no exista resistencia entre tu conciencia y tu

---

[34] Gurdjieff, *Las enseñanzas y el cuarto camino.*

inconciencia, podrás derrumbar ese muro porque ya no hay necesidad de mantener oculto al inconsciente".[35]

Desde tu yo consciente, tu intelecto, te propones ejecutar cambios en tu mente y modificar conductas, pero es como querer cambiar una llanta ponchada con un gato roto. ¡No podrás jamás! Por qué crees que la gente más tenaz se pone una meta y desiste después de intentar, intentar e intentar, por eso, trata y trata inútilmente de cambiar algo desde el único lugar que nunca podrá hacerlo: desde su intelecto, desde la mente "consciente", desde su "yo funcional"* que se dice a sí mismo lo que quiere escuchar y dar la apariencia de que todo está bajo control.

> La verdad es que tú te puedes poner cualquier meta consciente, y tu inconsciente la saboteará en cualquier momento pues es nueve veces más poderoso.

Una vez que tu inconsciente esté completamente libre de represión, tus instintos se unirán a tu inteligencia. Cuando derribes tu muro de Berlín, te integrarás a ti mismo y empezarás a trabajar a tu favor y no en tu contra.

El conocimiento silencioso

"Conocer significa permanecer en silencio, en total silencio de forma que puedas oír la pequeña y callada voz que hay en tu interior. Conocer significa abandonar la mente; cuando estas totalmente callado, inmóvil, cuando nada se mueve en ti, la puerta se abre. Tú eres parte de la existencia misteriosa. Llegas a conocerla, a formar parte de ella, a participar con ella. Eso es el conocimiento."[36]

---

[35] Osho, *Intuición: El conocimiento que trasciende la lógica*, 2002 p. 34.
[36] *Idem.*

El mágico mundo de la intuición: sincronicidades y sincrodestinos

Intuición quiere decir algo que surge dentro de tu ser; el sentimiento último y único de pertenencia al Todo...

La intuición a menudo se comunica a través del instinto. Observa el fenómeno en tu vida. El peligro, por ejemplo, se siente en la víscera, "la mala espina" que alguien te da. También se siente a manera de "corazonada, ya que es precisamente esa corazonada. Observa, tal vez algo "presentiste" y luego confirmaste que ese era un paso que no debías haber dado. Esto sucede porque la mente se interpone, te da razones lógicas, te acaba convenciendo y actúas en contra de la intuición que te habla por medio de los instintos. Conozco a miles de seres humanos que cuentan la clásica historia: "Pero si ya lo sabía, lo sentí en las entrañas! Y aun así, ¡le hice caso a la cabeza!"

Estoy convencida que entre los animales estas charlas no existen. Obsérvalos. El caso Tsunami concretamente. No murió ningún animal, se fueron días antes del desastre.

En tu camino hacia la intuición te irás dando cuenta de que los momentos en que intuyas algo, frecuentemente estarán acompañados por una serie de sincronicidades*, de señales que sólo a ti te dicen algo... Una coincidencia numérica... una secuencia que se repite, una llamada inesperada, la canción que de repente sale en la radio y te recuerda algo en especial porque la letra parece estar hablándote a ti directamente, lo que provocará en ti un sentimiento de pertenencia y conexión a algo más allá de ti mismo. Te sentirás uno contigo y con todo tu entorno.

La falsa creencia del mundo mecanicista

La teoría del mecanicismo es la idea de que las cosas funcionan a través de un proceso de causa-efecto. Una cosa lleva a otra, esa otra a una siguiente y así sucesivamente, por lo que el pasado determina el presente. Está asociado al determinismo y a las ciencias naturales.

La teoria organica sugiere que todos somos guiados por nuestros propósitos, significados, valores y más profundas convicciones. Está relacionada con el libre albedrío.

Jung considera estas dos teorías, y añade un elemento que revoluciona el curso de la psicológica tradicional, surgiendo así

El místico fenómeno de la sincronicidad...

Básicamente, la **sincronicidad*** es la ocurrencia de dos o más eventos no casuales que tienen un significado subjetivo profundo; el principio causal interconector de todo cuanto existe, tangible o no.

Un ejemplo que seguro te ha ocurrido: aparentemente de la nada, te acuerdas de alguien, decides que hace mucho no sabes de la persona y le hablas. Levantas la bocina y te llevas la sorpresa de que ya estaba en la línea llamándote a ti.

Jung creía que este tipo de situaciones son el principio indicativo de cómo todos los seres humanos nos interconectamos con la naturaleza a través del inconsciente colectivo. Las sincronicidades o sincrodestinos son, por llamarle de alguna manera, el anticipo de un fenómeno de serendipidad. Son hermanas en esencia, sólo que hacen su aparición en diferentes niveles de conciencia. La serendipidad tiene algo más sutil y volátil que la sincronicidad... Está en un nivel más alto, son iguales, pero operan a diferentes niveles... La sincronicidades son las pistas que van dejando las serendipidades, o bien, las pistas que anuncian su llegada. Es como ir en una frecuencia que te repente tiene un momento de clímax y desciende una vez más... Si tratas de observarlo, lo ahuyentas, si dejas que suceda, te sorprendes. Observa este fenómeno en tu vida... es en verdad un mundo donde lo "milagroso" es la condición natural.

Como reconectar con la intuición

Primero, no persiguiéndola. No es un acto de la cabeza. Mientras más te mentalices y te propongas conseguirla, más te alejaras de escuchar su lenguaje, ignorando la serie de sutiles simbolismos con los que la intuición habla con nosotros.

La razón argumenta; la razón utiliza un proceso para llegar a una conclusión. La intuición opera en un salto cuántico; no tiene procedimiento metodológico. Trata de perseguir desesperadamente a un pajarito y seguramente lo ahuyentarás. Es cuando sueltas tu necesidad de perseguirlo, que el se acerca, y en su suave lenguaje sientes el mensaje que claramente resonará en tu interior. Esa es la intuición: algo así de sutil, algo así de volátil en su esencia, pero así de claro en su lenguaje. Es algo que jamás entenderás con la cabeza, pero que lo sabrás porque lo sentirás. La intuición es un mar eterno: no puedes hacerlo creer, sólo puedes incrementar tu habilidad de entrar y sumergirte en él.

Visualización *vs.* mentalización

La visualización opera en el mundo espiritual... La mentalización en el mundo material... Una es ligera, te sube, te inspira... La otra cansa, pesa, drena.

"El pensamiento funciona en el mundo material porque el pensamiento también lo es; en forma sutil, pero también es material. Yo te puedo lanzar un pensamiento; tú lo puedes atrapar, lo puedes tener"[37]. Tú puedes entretenerlo,

---

[37] *Idem*, p. 61.

modificarlo, adaptarlo a tus pensamientos y mandarlo de regreso hacia mí. Se puede tomar y dar, es transferible porque es un objeto. Es un fenómeno material.

Seguramente has tenido una idea obsesiva que de repente soltaste, y lo primero que exclamaste fue: "me quité un peso de encima". Literalmente sientes un alivio físico.

La visualización está fuera de la mente... llamémosla punto cero, el punto creador. El silencio interior es un requisito. El éxito de la visualización creativa se encuentra por medio de un estado de interiorización, un estado de "no-pensamiento".

"Siempre que "ves" algo, lo haces cuando no hay pensamiento. Es una pausa, un intervalo en el proceso de pensamiento y en esa pausa hallas la verdad.[38] La interiorización es donde se gesta la visualización, el estado de silencio interior.

Visualizar tiene un espacio, un tiempo determinado; el hecho de mentalizar, si no te das cuenta, y te detienes, puedes ir en piloto automático día y noche y hasta en tus sueños irás "trabajado" por conseguir tu objetivo.

Mientras más mentalices un objetivo, el que sea, más te alejarás de él... Comienza la carrera de la mente, en una actitud totalmente activa (Yang), cuando la fecundación para que se manifieste tu objetivo requiere de la actitud pasiva-receptiva (Yin).

Si te la pasas mentalizando, empujarás la respuesta fuera de tu espacio. Estás en modo Yan, activo, masculino, iniciativo. Tu postura debe ser completamente Yin, pasiva, femenina, receptiva.

Un ejemplo para que entiendas la postura Yin. Observa un suceso que seguramente ya ha ocurrido en tu vida. Cuando vas feliz manejando, o caminando tranquilo, y

---

[38] *Idem*, p. 67.

"de repente" te viene una idea que jamás se te hubiera ocurrido con respecto a una situación que te preocupaba. O quizá perdiste algo, un objeto, y en el momento que dejaste de concentrarte para ubicarlo recordaste nítidamente dónde estaba. El clásico "Ah, ya me acordé", que sucede justo cuando estabas haciendo algo poco relacionado con lo que tanto querías recordar.

Un buen parámetro para descubrir en qué modo operas es identificar el tipo de "cuerda y pila" que traes. La mentalización, pero sobre todo la sobrementalización, es como un residuo de adrenalina quemada; el aceite usado de un sartén en el que ya cocinaste, al cual sólo le añades más aceite; pero no tienes combustible limpio, tienes una refritanga. La energía de la meditación y visualización es fresca. La energía de la sobrementalización es ansiosa, a menudo no deja dormir bien en las noches.

> El producto de la sobre-mentalización es un residuo de adrenalina quemada, es nerviosa y ansiosa; la energía de la visualización es fresca e inspiradora.

Rezar es tu pedir, tu preguntar; la meditación es tu apertura a escuchar, a recibir. Las dos vertientes de un mismo acto; las dos caras de una misma moneda. Rezar es la parte activa de un acto de fe... La meditación es la pasiva, tu apertura para recibir..., tu habilidad de confiar y guardar silencio interior... tu apertura a escuchar. Tu buena o mala disponibilidad para llevar los momentos de intervalo e incertidumbre entre uno y otro es lo que hace la diferencia entre captar la respuesta o no. La forma en que lleves la espera es determinante.

Dejar ir el anhelo deseado es un requisito en los pasos de la visualización y manifestación creativa. Soltar y dejar ir es un reto, pues aparenta ir en contra de las leyes del mundo occidental en donde "mientras más trabajes por algo, más fácil lo conseguirás."

Descubre la sabiduría de de la filosofía oriental, practica el arte de "hacer sin hacer..." aprende a esperar con fe absoluta. Pide y da las gracias de antemano. Ya te ha sido concedido.

Desde los más antiguos Maestros hasta los más recientes científicos

Entre 2500 y 1500 a.C., Hermes Trismegistus vino al mundo para dejarnos sus enseñanzas del Espíritu Divino dentro del Ser. En sus escritos ruega a la raza humana que despierte del sueño de la ignorancia y busque la Luz del Todo. Para llegar a ser Maestros, nos deja siete principios. Los siete principios herméticos:

1. *Principio de Mentalismo*: No existe más que una mente, un poder totalmente divino. Usamos la misma mente y poder en nuestros mundos individuales que el Todo usó cuando creó el universo.

2. *Principio de Correspondencia*: Como es arriba, es abajo. Esto nos enseña que hay correspondencia o analogía existente entre cosas espirituales y cosas físicas. Las mismas leyes operan en cada realidad.

3. *Principio de Vibración*: En cada campo energético hay una vibración ya sea de atracción o de repulsión, basada en la tendencia de los pensamientos. Estos pensamientos son ambos, conscientes e inconscientes, y en cada nivel, la acción creativa está teniendo lugar.

4. *Principio de Polaridad*: Polaridad es sentir y pensar en cierta dirección, la habilidad de vibrar en sintonía con

La Mente Infinita, que forma un camino para que fluya la energía Divina. Vivir la vida conforme a la Verdad más alta.

5. *Principio del Ritmo:* La vida es como un péndulo, columpiándose de ida y de regreso. Cuando comprendemos este principio, polarizamos y alineamos a nuestro ser al punto óptimo de existencia, neutralizando las altas y bajas de la vida.

6. *Principio de Causa y Efecto:* Cada causa tiene su efecto; cada efecto tiene su causa; todo sucede conforma a la Ley. Suerte no es más que un nombre para la ley no reconocida. Como el hombre considere que es en la esencia de su ser, será.

7. *Principio de Género:* Todo individuo es ambos, masculino y femenino, mente y sentimientos, objetivo y subjetivo, el Yo y el conmigo. Lo que la mente imprima en el en la naturaleza intuitiva es manifestado en el mundo material.

Posteriormente, en el año 600 a.C., Pitágoras nos enseña que Dios, la Mente Suprema, es Causa de todas las cosas y que el paso de ser humano a Ser Divino es posible si estamos a tono con La Mente Suprema[k].

En 563, a.C. llega Sidarta Gautama, que se convirtió en el Cuarto Buda, "El Iluminado". En su legado al Nuevo Pensamiento afirma: "La realidad manifestada es el resultado de todo pensamiento que hayamos tenido. Si el hombre educa su pensar y ejerce el poder de la palabra desde la Luz, la alegría y la manifestación divina le siguen;

---

[k] Principio de Polaridad (4).

si habla desde la oscuridad, la tragedia y la escasez se manifiestan". En 397, a.C. Platón funda la Academia, en donde imparte la enseñanza de La Mente Suprema y el Idealismo; en ella sostiene que todo ser tiene concedida, por Ley Divina, una vida llena de belleza, conocimiento y salud. Por último, llegamos al Nuevo Testamento en donde el Maestro Jesús nos dijo: "El Reino de los Cielos está dentro de vosotros mismos".[39]

Ilusión de la separatidad

No puede haber un lugar donde un Todo comience y un Todo termine, porque Todo abarca todo; siendo así, eso te incluye a ti, tu Verdadero Ser. Lo que Todo aplica para ti, lo aplica en Todo y para todos en todo momento... Uno es Todo, Todo es Uno rompiendo el espejismo de la separatidad esencial.

Tu concepción del Todo es determinante; si tú crees que Todo es un sinfín de bondad, felicidad, elegancia, verdad, salud plena como una fuerza manifiesta a través de ti, en ti y para ti, vivirás en la experiencia de la Realidad. Si tu concepción del Todo es de limitación, bendiciones repartidas por un proceso de selección de acuerdo a si has sido bueno o malo, vivirás en la experiencia de la realidad condicionada, actuando en contra de la Ley del ser, de la conciencia Superior, cuya característica es la incondicionalidad y unidad.

La Mente del Todo no conoce el bien y el mal como dicotomía de lo bueno o lo malo. La mente que niega a la Mente, sí, creando la necesidad de recompensa y castigo. Puedes entonces hablar desde la Luz que corresponde a la Mente o desde la oscura ilusión de la mente fragmentada.

---

[39] Lc. 17, 20-21.

El Principio de Unidad
y la manifestación física

En el sentido más intimo de la cuántica, literalmente, tú y yo somos uno, tan sólo manifestados en diferentes niveles de conciencia. Capra, en El Tao de la física explica el fenómeno con claridad:

La famosa sentencia de Descartes, *cogito ergo sum*, "pienso, luego existo", ha llevado a los occidentales a identificarse con su mente. Como consecuencia de la división cartesiana, la mayor parte de los individuos están conscientes de ellos mismos como egos separados dentro de sus cuerpos... Esta fragmentación interna refleja nuestra visión del mundo "de afuera", que es percibido como una multitud de eventos y objetos separados.

La creencia de que todos estos fragmentos están separados puede verse como la razón esencial de las crisis sociales, ecológicas y culturales presentes. Nos ha alienado de la naturaleza y de nuestro prójimo humano...

Es fascinante ver que la ciencia del siglo xx, que originó la división cartesiana y la visión del mundo mecanicista, y que sólo fue posible por esa visión, ahora supera la fragmentación y retorna a la idea de la unidad expresada en la filosofía de la antigua Grecia y de Oriente, cuya visión es orgánica, en la que todas las cosas y eventos percibidos por los sentidos están interrelacionados, conectados, y son sólo diferentes aspectos o manifestaciones de la realidad ultima.[1]

Deja de pensar en objetos como objetos, piensa en ellos como tendencias, diferentes movimientos de conciencia. En el sentido cuántico más diminuto, un átomo no es un objeto, es una tendencia manifestada y traída así a la experiencia por las particularidades de su Ser, que en él y en todo responde a la tendencia superior, a un movimiento de conciencia superior.

---

[1] Fridjof Capra, 1984, *The Tao of Physics*, pp. 9, 10.

> No pienses en objetos como objetos, piensa en ellas como tendencias, diferentes movimientos de conciencia.

El mundo interior y el exterior

La realidad no puede existir independiente de tu experiencia; la *separatidad* entre el mundo interno y el externo es una ilusión. Uno esta creando el otro, en todo momento. No puede existir nada "allá afuera" independiente de lo que suceda dentro de ti.

Tu mundo, todo lo que ves reflejado en tu realidad, es la materialización de un determinado movimiento de conciencia, que tú trajiste a tu experiencia. Esto es el acto de la manifestación. Un átomo está en estado de plena realización, mas no es un ser consciente de sí mismo; tú, sí. A un átomo no se le pide que ajuste su conciencia hacia una frecuencia determinada, lo hace de forma natural; pero a ti si, porque te fue otorgado el principio de la dicotomía. Tú tienes que elegir cómo y hacia dónde sintonizas tu conciencia,[m] y aceptar la dicotomía de la vida y la condición humana con humor cósmico, al ver que es el mismo ser humano el que se coloca a sí mismo –y a nadie más– como el único y más grande obstáculo que impide su realización.

Imparcialidad de la fuerza universal

La Fuerza del Todo es una fuente infinita de sabiduría, compresión, abundancia, salud plena, en todo momento impersonal, sin juicio y siempre presente... Quien esté abierto a recibirla, la verá manifestarse.

"Impersonal, sin Juicio" es la clave. La fuerza no juzga, recuerda, ahí no existe la dicotomía de lo bueno y malo; juzgar es humano, la fuerza es Divina. No se hace presente necesariamente en quien se ha portado bien. Obsérvalo. ¿Tú crees que los que "se ganan la lotería" son los más

---

[m] Principio 4, Polaridad.

merecedores por su buena conducta aquí en la tierra? ¡No! A veces, la suerte le llega a personas que a simple vista parecerían los menos merecedores; pero precisamente, ellos no se detienen a ver si se lo merecen o no, si se lo han ganado o no, si han trabajado lo suficientemente duro o no, simplemente se abren a la fuerza y la fuerza se manifiesta.

Éste es el principio del milagroso fenómeno de la serendipidad; la apertura a recibir la gracia.

Intencionalidad

La intención en tu actuar determina tu vivencia... No importa si el acto externo es catalogado como bueno o malo por el consenso común, es la intención desde donde parte tu conciencia al ejecutar lo que determina.

La verdadera Intención, al igual que la Fuerza, es imparcial. Tu intención debe estar alineada hacia la Conciencia y actuar naturalmente con respecto a ella.

Deja de ejercer de acuerdo con el orden establecido que corresponde a la perpetuación de la *separatidad* esencial y a la necesidad de recompensa y castigo.

> Hacer el bien por la recompensa esperada y no hacer el mal por el castigo temido no tiene virtud alguna. No vives en la Realización de tu Ser; eres una criatura del cosmos "bien portada".

Como verás, las enseñanzas hacia la realidad del Nuevo Pensamiento han sido escritas desde los tiempos más antiguos hasta los más recientes. Cuando despiertes a tu verdadero Ser, cada acto será conscientemente creativo, vivirás desde tu Yo Creador,

"...nos convertiremos en los Avatars, en los Cristos y en los Budas que fuimos destinados a Ser." William Tiller, Ph, D. Profesor Emérito Stanford University, Actos Conscientes de Creación.

El Alfa y el Omega

Ω

"Yo Soy el Alfa y el Omega, el finito y el infinito,
que gobierna a todo lo tangible e intangible..."

¿Que quiere decir Yo soy el Alfa y el Omega? En la filosofía griega antigua, Omega fue el nombre otorgado a la Fuerza, a Dios, a la Mente Suprema. En numerología Maya, Omega el numero Cero, el punto de partida, la Fuerza Creadora. El Alfa es la primera manifestación de Omega. En el alfabeto griego, alfa es la primera letra; en numerología maya es el numero uno. Es otra forma de decir soy el Creador y soy la manifestación creada, la causa y el efecto.

El finito y el infinito...

El Alfa es finito, Omega es infinito; pero como alfa es parte de Omega, también es, en su esencia, infinito. La mente es finita, es alfa, pero parte de ella es omega.

Que gobierna sobre lo tangible e intangible...

Omega gobierna sobre la tierra finita, tangible, y en el universo infinito, intangible. Gobierna, es parte de y se manifiesta en todo lo que existe.

Una gota de agua de mar no es el mar, pero si analizas sus componentes verás que en esencia y a diminuta escala, **es** el mar. Por lo tanto,

Tú eres el Alfa y el Omega, finita e infinita, regente en el mundo tangible e intangible.

Por qué pensar positivamente no sirve

Pensar positivamente no es más que una buena idea, pero estéril en cuanto a producir resultados concretos concierne... Pensar positivamente no es más que poner una capa que "maquilla" toda una "masa" de pensamientos negativos y falso sistema de creencias. Es un débil convencimiento, una capa de fe tratando de enmascarar una masa dudas.

Es poner buenos pensamientos esperando que contrarresten todos los malos que tenemos como base, o peor aún, los pensamientos que tenemos cuando vamos en control automático, los que ya ni siquiera registramos.

El problema no son tus pensamientos, el problema es que no sabes pensar... Has sido condicionado a creer que tu mundo exterior puede suceder independientemente de tu mundo interior...

Esta es la más falsa de todas las creencias. Tu mente no reconoce entre la película que ve 'afuera' y la que ve 'hacia dentro'. Cuando fuera de toda duda creas que serás capaz de algo, lo serás. Existen innumerables testimonios al respecto en los que una persona "normal", bajo un determinado conjunto de circunstancias fuera de lo común, fue capaz de algo extraordinario, milagroso.

En las palabras del Prof. Satinover, catedrático de Harvard y ex director del Instituto C.G. Jung N.Y.: "Como experimentas las cosas al interior las manifiestas hacia el exterior; tu conciencia de ello determina tu vivencia. Lo que tú creas con cada fibra de tu ser, será".

Vivimos en una cultura que nos enseñó a creer que nuestro potencial reside en una mente condicionada a una realidad ajena a nosotros mismos. La potencialidad del Ser se encuentra más allá de esa muralla.

Debemos aprender a pensar. Los tiempos que estamos viviendo dictan que es imperante que despertemos. Nuestra propia

> Creencia precede experiencia. Una vez que crees algo, lo haces una experiencia, primero interna al verla al interior de tu cerebro, cuando imaginas, luego manifiesta en el mundo exterior tangible.

mente nos está haciendo pedazos; con la mente estamos haciendo pedazos el planeta. Todos nos lo estamos haciendo, unos a otros... Todos somos responsables por lo que está sucediendo.

Por ello es vital empezar por uno mismo, y asumir responsabilidad plena por nuestro poder creador.

¿Por qué es "difícil" cambiar?

La arrogancia intelectual es el primer obstáculo a vencer... Veo a personas en la vida diaria a las que les "encantaría" creer, pero su sólida inteligencia y el marco de la realidad condicional no se los permite. Esta renuncia es, ultimadamente, un apego al ego... ese "afianzamiento" con tu mente, tus creencias... Todo lo que tú crees que es verdad acerca del mundo en el que vives; la profunda atadura al sistema indoctrinado.

Despertar implica dejar atrás los falsos conceptos que "sostienen" tu realidad actual. Parecerá una pérdida total de control mientras los bloques de la realidad de consenso se desmoronen uno a uno.

Un despertar así puede ser aterrador para alguien que ha vivido en el engaño, en los logros de la mente, pensando en ella como un fin y no como un medio y bajo el más profundo de los sueños hipnóticos; será una especie de renacer. Es perder la razón para salirse completamente de lo que parece ser la realidad cotidiana y entrar al mundo cuántico, el universo de las infinitas posibilidades.

¿Qué determina quién nace en circunstancias privilegiadas y quién en desventuradas?

Tendríamos que empezar quizá por la pregunta, ¿qué pasa cuando morimos? Dónde está el nivel de conciencia al momento del desprendimiento físico... eso es lo que lo determina todo. Tu concepción de lo que existe más allá, es lo que existe o no en ese lugar; si crees que hay un más allá detrás del más allá también lo hay... El cosmos es infinito...

¿Qué es la muerte? Un final o tan sólo una transición...

¿Ahí acaba todo? O el fin físico es sólo eso y la esencia se transforma... Quizá no te lo has preguntado, pero esperas ir de inmediato al cielo... de ser así, ¿tienes una vivencia personal de lo que este lugar podría ser o posees sólo una doctrina al respecto?

Imaginémoslo así...

...Al momento de dejar el hogar terrestre del alma infinita el chip holográfico en donde quedó grabada tu historia se libera en el cosmos...

¿Qué sucede después?...

Entras en una sala para convertirte en el espectador objetivo de la película, desde tu verdadero Ser y junto con El Ser determinan qué camino es el mejor para continuar con tu despertar y proceso evolutivo... O hacen un balance de lo bueno y malo y te otorgan una recompensa o un castigo según corresponda... Regresas con un chip nuevo y sin conocimiento claro de tus vidas pasadas, hasta que despiertas para fundirte para siempre con el Todo... O eres enviado al lugar de la recompensa por tus actos, o al del castigo por tus maldades o a uno intermedio en donde ajustas el saldo...

Éstas son las preguntas que debes hacerte y para las cuales no hay dos respuestas iguales... En tu respuesta única aceptarás la responsabilidad de tu vida, por cómo la vivas y bajo qué reglas.

Las leyes y reglas que con cada fibra de tu ser creas, irán justo acorde con la realidad que manifiestes. Este es el principio número Uno de La Ley.

Estos son los verdaderos misterios de la vida, de los cuales tú eres parte integral. La respuesta al misterio del universo eres tú misma. No eres casualidad, eres causalidad: la Causa y el Efecto, el Alfa y el Omega, yin y yang. El enigma, el infinito, el absoluto...

Con esta nueva noción de ti, ¿cuál será la historia de tu vida? *¿Qué legado dejarás en nombre de la raza humana? ¿Cual será tu testimonio?*

SEGUNDA PARTE:

DE REGRESO A LA SALUD

Éste es tu espacio práctico para la liberación. A partir de este momento eres piloto de tu proyecto "recuperación".

Entrégate plenamente a tus ejercicios; abre tu corazón.

Proceso de renuncia

Cartas de despedida

Este ejercicio consiste en escribir una serie de cartas con las que, desde lo más profundo de tu ser, renunciarás a todos los personajes de tu libreto prefabricado de vida. *Si no sabes a quién has idealizado, sólo pregúntate quién te ha decepcionado una y otra vez*. Verás que la lista empieza contigo; verás que en cuanto de todo corazón hagas estas cartas, todas las relaciones reales con esos seres, comenzando por ti misma, mejorarán notoriamente casi de inmediato. Lograrás en aceptar la realidad y apreciar a los demás por lo que en verdad son.

Decir adiós a lo ficticio es lo que te permitirá hacer de tu realidad algo extraordinario. No hay una carta correcta y una incorrecta: lo que salga, es lo que es.

Aunque utilizarás la escritura, lo importante aquí no es la forma, sino la profundidad del sentimiento. Escribirlo es requisito, porque ello te obliga a hilar las ideas de forma congruente, de manera que para ti tengan un sentido ordenado. Ese es el ejercicio detrás de la escritura.

Carta de renuncia a tu yo ideal

Ésta es tu primera renuncia: la perfección que buscas en ti para entrar en un mundo perfecto que no existe. Esta versión de ti a la que vas a renunciar, sirvió para algún propósito. Exprésale tu agradecimiento. Reconócele lo que te dio, pero hazle ver claro que el precio fue caro. Cuando esa parte de ti te tache de ridícula por lo que estás haciendo, piensa que sólo lo hace porque sabe que está a punto de pasar al olvido.

Carta de despedida a…

A mi mamá y papá, los que siempre anhelé y nunca tuve…

Ejemplo:

Queridos papá y mamá,

Parece increíble que después de tantos años aferrada a ustedes, ahora les tenga que decir adiós; pero más increíble que el hecho en sí, resulta pensar que ustedes, que parecían ser mi parte buena, mi ilusión y mi continua esperanza, se hayan convertido, a lo largo de todos estos años, en algo dañino y hasta hiriente, que me lleva a quererlos cada vez con más fuerza, pero también con más angustia. Luchando más, pero también sufriendo cada vez que me daba cuenta de que no estaban ahí. Y ahora me resulta amargo percibir su ausencia y anhelar con más angustia su presencia. Creo que merezco más que la desesperación de su inexistencia; creo también que al soñar con el mundo dulce y cálido que ustedes me proporcionaban, me di cuenta de que soy merecedora de algo mucho más real que un afecto y una aprobación imaginarios. Por eso creo que ha llegado el momento de decirles adiós, y aprender al fin a apreciar lo que el mundo real me ofrece y que por soñar en ustedes nunca he descubierto.

Mamá, tú siempre me proporcionaste la imagen de protección, cercanía, afecto y seguridad en los momentos en que más lo necesitaba. En ti no había peros, ni la necesidad de resaltar mis lados negativos, cada vez que recurría a ti en mi imaginación; pero qué duro es abrir lo ojos para ver que en la realidad de tu inexistencia sólo logro ahogarme más en mi dolor y necesidad de tu amor.

Papá, tú con tu alegría y, tus ganas de vivir me llenabas de optimismo y me mostrabas un mundo adecuado y hasta hermoso. Tu generosidad, tu optimismo, también imaginados por mí, me llevaron a decepcionarme de mi realidad una y otra vez, y buscar desesperadamente lo que no existía.

Ahora me siento débil, quizá porque toda mi vida he desperdiciado mi energía corriendo de mi realidad hacia mis padres imaginarios y de regreso, una y otra vez, logrando sólo crear una tremenda brecha llena de angustia entre un punto y otro. Ahora me lo pregunto, ¿realmente me ha servido de algo aferrarme a algo que está sólo en mi imaginación?

Creo honestamente que esto sólo me ha creado una profunda herida, que duele mucho y me lleva a no desearla más. Quiero curarla aunque tenga que pagar el precio de prescindir de ustedes; por eso, hoy les digo adiós para *siempre, aunque sé que ese adiós implica enterrarlos y afrontar mi realidad libre del fantasma de su presencia. Antes de mi despedida final sólo me queda decirles gracias, gracias por haberme proporcionado, en los momentos difíciles, la esperanza y la ilusión de unos padres ideales, pero inexistentes.*[n]

Esta carta bien puede ser universal, pues todos de alguna forma podemos identificarnos con ella. Ya tienes una idea y ejemplo claro de los temas que hay que tocar, de lo que hay que trabajar. Ésta es tu oportunidad de decir lo que quieras expresar.

---

[n] Villanueva Reinbeck, *Más allá del principio de autodestrucción*, pp. 20-21, El Manual Moderno, 1988.

Sustitución de patrones mentales para evitar caídas

Seguramente tú tienes una hora del día en que se te hace muy difícil no caer. Quizá sea por la tarde, durante tiempos muertos entre una actividad y la otra; quizá por la noche, cuando te sientes sola.

Haz una lista de acciones alternativas que podrías hacer durante ese tiempo. ¿Qué meterías en ese espacio?

Por ejemplo:

• Una corta caminata.

• Leer el periódico o un libro que te inspire.

• Llamar o visitar a una amiga.

• Escuchar música.

Seguramente también tienes una hora del día en que estás más estable. Quizá sea en la mañana, al despertar. Entonces, en ese momento, antes de salirte de tu cama, date estos cinco minutos. Visualiza la hora del día que representa tu mayor reto. Vete ahí... estás ahí...

Terminas tus labores cotidianas (sales del trabajo o de clases), y en vez de ir de ahí al super, a la cafetería o a donde siempre vas a surtirte (es importante que "veas" los lugares en tu mente con nitidez), obsérvate a ti misma haciendo algo de tu lista de actividades alternativas. Reproduce el patrón en tu mente, con toda claridad. Estás feliz. Saliste de clase y te dirigiste a casa a escuchar música, o te ves contenta cayéndole de sorpresa a tu mejor amigo en su casa, o te ves haciendo una llamada a la amiga que siempre te pone de buenas. En tu mente ya está hecho, ya sustituiste el patrón.

En cada inhalación respiras tranquilidad, en cada exhalación espiras alivio. Siente tus células vibrar en esta nueva frecuencia mental. Ahora obsérvate continuando tu día, habiendo librado esa hora difícil en la que incidías.

Repite esta rutina mental un par de veces durante la mañana. Date un espacio de cinco minutos para regrabar el nuevo patrón en tu mente. Es vital que, al observarte, lo sientas en tu cuerpo. Siente la alegría que te da ver cómo libras el bache, sin problema alguno. Es importante que en tus acciones alternativas siempre tengas un plan que sólo dependa de ti. Si siempre visualizas que visitas a tu amiga en vez de atracarte y tu amiga no está, te sentirás pésimo y podrías abrir la puerta al resultado no deseado. Lleva siempre tu cuaderno de reposición de pensamientos. *Escribir, como proceso para hilar los pensamientos y expresarlos congruentemente, te ayudará a cambiar la forma destructiva que hasta ahora has usado para comunicarte contigo.*

Cuadro de reposición de pensamientos

A continuación te presento cuadros para practicar tus propias vivencias y trazar una nueva ruta mental de comunicación. Al principio requiere de práctica, pero eventualmente operará por sí solo, liberándote de recorrer la avenida que solía llevarte al callejón mental sin salida.

Pensamiento anoréxico/bulímico	Pensamiento racional
Me lo voy a comer, al fin y al cabo lo puedo vomitar.	Como no quiero vomitar, seguramente no debo comerme esto.
Necesito atracarme para deshacerme de este sentimiento de ansiedad.	Me siento enojada y vacía, necesito enfrentar estos sentimientos directamente. Atracarme no soluciona nada.
Sé que seré feliz si pierdo tan sólo tres kilos más.	Los últimos tres que perdí no me hicieron feliz.
Si no como nada, no me tengo que preocupar por vomitar.	...pero ayunar, por lo general, siempre me lleva a otro atracón. ¡Me estoy metiendo el pie yo sola!
Este desorden alimenticio no es real. Yo puedo comer como me de la gana.	No, no puedo. Necesito aceptar que tengo un desorden alimenticio. La aceptación es paso importante de mi recuperación. °

° Patricia Neuman, *Anorexia Nervosa & Bulimia: A handbook for Therapists and Counselors.*

Proceso irracional de pensamiento que lleva a caer

Suceso	Sentimiento	Proceso de pensamiento y cuestionamiento errado	Acción
Un resultado no esperado en un examen.	Frustración, enojo.	Siempre la riego… soy una… ¿Cómo me hago daño? ¿A cuál de mis amigas le hablo a ver si tiene ganas de salir a destruirse un "ratín" conmigo?	Anestesia de todo el suceso con un buen atracón.
Plantón de un galán.	Abandono, rabia.	¡Me siento tan vacía y enojada que podría explotar!	Me como todo mi dolor y mi tristeza, ¡ya después podré sacar mi ira en el excusado!

Como viste en el cuadro anterior, siempre hay una constante: la acción. Tú generas las situaciones externas necesarias para poder seguir haciendo todo aquello que te juras ya no querer hacer, ya que lo que en realidad quieres es justificar hacerte daño.

Proceso racional sano que lo detiene

Suceso	Sentimiento	Proceso de pensamiento lógico y cuestionamiento sano	Reposición de sentimiento sano	Acción
Un resultado no esperado en un examen.	Frustración, enojo.	Creo que vomitar antes del examen fue una mala idea. ¡Vaya forma de sabotearme!	Enojo positivo ¡Qué ganas de moler las mías! ¡Ya!	Es hora de sacar mi enojo a caminar.

Suceso	Sentimiento	Proceso de pensamiento lógico y cuestionamiento sano	Reposición de sentimiento sano	Acción
		¿Por qué fabrico situaciones y me meto el pie para quedar como idiota frente a mi misma? ¿En que punto me compre ese boleto?		
Plantón de un galán.	Abandono, frustración, rabia.	Me siento tan vacía que podría comer y comer hasta reventar, pero sé que el vacío nunca se llena, por eso es un vacío... La pregunta es, ¿por qué quiero atraer este tipo de gente a mi vida? ¿Qué necesidad de autocastigo estoy re-estimulando? ¿Por qué sigo asociando el amor con el abandono?	Coraje sano: ¡Que ganas las mías de seguirle echando sal a la herida! ¡Estoy hasta la m... de hacerme lo mismo!	Mejor me llevo mi tristeza y frustración al cine o al gimnasio, o le llamo a una amiga. Quizá un buen libro me haga compañía.

Beneficios ocultos de tu conducta destructiva

Pregúntate...

¿qué estoy obteniendo con mi conducta?

¿Qué necesidad estás saciando? Estos beneficios, también llamados reforzamientos a ganancias secundarias, sólo incrementan la probabilidad de que persistas en conductas y actitudes autodestructivas.

Entre muchas otras, seguramente estás llamando la atención, de forma muy negativa, pero lo estás haciendo. Apreciación y reconocimiento son necesidades básicas del ser humano. No te repudies por estarlos buscando, pero comprende que no es la forma de saciarlas. Recuerda lo que tratamos en el *libreto prefabricado de vida*: mientras más heridas has tratado de sanar, más lograste acumular. Estás pagando muy caro las migajas de atención que la enfermedad te brinda: porque a final de cuentas, eso son: migajas.

Escúchate decirlo en voz alta: me estoy matando por migajas de atención.

¡Es desde patético hasta cómico!, porque **son** migajas y **sí** te estás matando.

Obsérvalo desde afuera, lo verás así de claro.

De igual forma que la heroína pone una segura distancia entre el adicto y su realidad, la comida representa una cobija de seguridad que aparenta tapar tus fríos emocionales... Pero, como seguramente ya te diste cuenta, no hay comida suficiente para llenar huecos afectivos y sanar heridas emocionales ni purga lo suficientemente severa para expulsar de ti todo el dolor contenido.

Analiza el precio que estás pagando. ¿Vale la pena? ¿No crees que hay otras formas de lograr este objetivo? Es difícil no compararse con las figuras que nos bombardean a diario. Por ello te aconsejo rendir tu imagen a los ojos de un poder superior... Vete con esos ojos... es ver con los ojos de la Luz... esos ojos hacen vibrar al cuerpo de alegría, manifestando externamente sólo la versión más sana, radiante y pura de ti... Rechazar cualquier pensamiento negativo acerca de tu imagen es básico para manifestarte como la belleza del ser.

Debes identificar en tu inconsciente todos los beneficios que obtienes. Un sentimiento común detrás de la adicción y de vivir como una víctima es tener siempre la justificación perfecta para no asumir responsabilidad plena por la vida y el ser en el mundo.

Entre muchos otros están:

- Siempre tienes a quién echarle la culpa de tus desdichas

- Evitas el despertar de tu conciencia; total, si estás así de amolada, nadie, ni tú misma, puede esperar nada realmente de ti.

- Siempre enconarás quien te la haga para tu poder terminar desquitándote contigo...

¿Qué más se te ocurre a ti?

Siéntate a platicar contigo... escúchate... En verdad esfuérzate por ubicar las necesidades, conscientes e inconscientes que tu conducta representa.

Saca un cuaderno... ponte a escribir... Este proceso de pensamiento te ayudará a lograr que tu inconsciente se comunique contigo de una manera más gentil.

...Pídele a tu inconsciente que se manifieste de una forma en la que puedas hablar con él, pídele perdón por no saber reconocerlo y haber cometido el error de encerrarlo.

Es bueno estar al tanto del estado de tu cuerpo, pero desde un enfoque totalmente distinto; procura honrar el cuerpo como el instrumento sagrado que es para el viaje humano, no como una sustentación de valía. Es vivir en la integración de... no en la lucha contra...

Es otra manera de habitar en el cuerpo.

El perdón… la clave
de la liberación

Para llegar al perdón es necesario atravesar por fases que son incómodas y dolorosas. Por ello las personas desisten en su proceso de cambio. Es vital que te permitas pasar por las fases que abren el camino a la modificación permanente de conducta.

Preparación

Escoge un objeto con el cual asocies el perdón. La pluma de un pájaro, los pétalos de una flor, algo tangible con lo que entables una conexión. Siéntate en una silla con la espalda erguida y los pies sobre el suelo durante unos minutos. Respira hondo. Al inhalar sientes que tu ser se llena de luz. Al exhalar sientes cómo tu cuerpo se rodea de paz. Respira lenta y profundamente unos cuantos minutos… Desacelera tu mente… Ponte en contacto con tu respiración.

Una vez que sientas que estás en un punto de equilibrio, trae a tu mente algún suceso específico en donde un abuso hacia ti haya sido cometido, o uno en donde tú hayas cometido una agresión.

1. *Observación:* Ve el suceso teniendo lugar. Ve la película –sin meterte a ella.

2. *Reconocimiento del daño:* Asume responsabilidad por tus actos, aunque éste sólo haya sido haber estado ahí en ese lugar y en ese momento. Tú llegaste ahí, nadie tu puso en esas circunstancias más que tú mismo. Responsabilízate por tu parte. No te permitas caer en el "es que." Esta es la trampa de tu orgullo tratando de justificarse. *No "te expliques" por qué hiciste lo que hiciste,* simplemente di: "sí, yo causé ese daño". Punto. Si estás trabajando un incidente bulímico, ve la película "tal cual". Ve el dolor que causas. Ve cómo te obligas a vivir en la degradación. Te haces lo que a tu perro jamás te atreverías a hacerle.

3. *Apertura a los sentimientos*

a. *Enojo:* Tienes que permitirte sentir enojo por las faltas cometidas. Pretender que no pasó no te lleva a ningún lado. Da mucho coraje ver que pudimos *no* tener la vivencia, pero incurrimos en ella de cualquier forma. Lo primero que nace es el enojo. *Déjalo correr, no te "identifiques" con él.* Sí, ahí está, pero alimentarlo sólo te lleva a la justificación de su existencia y a perpetuar tu adicción fisiológica a este estado de ánimo. *Déjalo ir.* Siente el enojo fluir hacia afuera de ti. En cada exhalación sientes cómo este sentimiento que te hace "no poder estar quieta" se va. En cada inhalación tomas la fuerza para transformarlo, en cada exhalación lo sacas de tu espacio. Suéltalo de regreso al universo; el universo transformará la carga sin afectar a nadie. *Es seguro dejar salir tu enojo.* En cada inhalación tomas la fuerza que lo transforma, en cada exhalación lo expulsas de tu espacio. Permítete fluir. Cuando te sientas que pasaste esa capa de coraje, vendrá de inmediato:

b. *Dolor y tristeza:* Sí, *duele* ver lo que a ratos somos capaces de hacer y hacernos. Sí, es *muy* triste ver que el ser humano, efectivamente, puede ser muy cruel.

c. *Vergüenza*: Sí, da pena ver de lo que somos capaces... *¿Cómo pude hacer eso?* Sentirás en lo más interno de tu ser. Permítete quebrarte y rendirte a este sentimiento. La vergüenza abrirá la puerta al arrepentimiento profundo por la vivencia creada o por haber estado ahí para que el suceso tuviera lugar. *Cuando te atreves a tocar la verdadera vergüenza por tus actos te liberas.*

d. *Arrepentimiento:* Esta es la clave del perdón. La luz liberadora se hace presente. El perdón es, se siente. El perdón abre la puerta al cambio duradero. No volverás a hacer aquello que pedías ya no hacer. Sentirás en lo más profundo de ti el deseo pleno de no volver a incurrir en la misma vivencia. Toma el objeto con el cual asocias el perdón. Siéntelo, es suave, natural. Ponlo sobre tu corazón. Imagina que de él sale una luz violeta. Tu corazón se carga de esta luz. Respira profundamente el alivio que sientes. Haz sanado.

4. *Modificación de conducta*: En el fondo de ti comprendes la "necesariedad" de la vivencia. Perdónate no haber encontrado un medio hábil de crecimiento. Al hacerlo, rescatas la lección y dejas de reproducir el patrón. Sabes que hay otra manera más elegante de crecer.

Por absurdo que te suene, el ser humano se genera vivencias dolorosas que en sí son creadas para llevarnos a nuestro propio despertar. *Es duro reconocer que el ser humano **elija** crecer por medio del dolor.* Pero eso es básicamente a lo que hemos sido condicionados. Vivimos en el mundo de la culpa..., culpa por no ser esto, culpa por sentir lo que sentimos, por no ser aquello que todos dicen que es éxito, por comer tres carbohidratos más de lo establecido... Entiende este principio básico: una mente culposa genera la necesidad de autocastigo.

Culpa *vs.* arrepentimiento

*La culpa te condena,
el arrepentimiento te libera...*

La culpa es un ancla que te ata a tu pasado. Es de los sentimientos más paralizantes y es totalmente estéril en cuanto a generar resultados concierne. La culpa te garantiza no poder efectuar ningún cambio, ya que te mantiene atado al pasado; es el eterno "si yo hubiera..." en el continuo lamento, logrando únicamente hacerte repetir los errores de los que tan culpable te sientes. La culpa tortura, el arrepentimiento trasforma; es el sentimiento logrado una vez atravesada la vergüenza, y el que garantiza que no vuelvas a incurrir en las mismas faltas. El arrepentimiento genuino trasmuta tus vivencias.

¿Cómo escoger un terapeuta?

La elección de tu terapeuta es muy importante. Es bueno que sepas que no con todos los terapeutas tienes que hacer "click" necesariamente, y si algo te dice que alguno no es para ti, pues quizá estés en lo correcto.

Te cuento esta historia…

Al poco tiempo de sacar mi problema del clóset, mis papás me llevaron con una gran eminencia en el reciente problema de los desórdenes alimenticios en México…

El renombrado psiquiatra tenía una personalidad carismática, hasta seductora. Pidió hablar con mi padre a solas. A los cinco minutos, mi papá salió feliz y confiado del consultorio, cosa que a mí se me hizo muy rara. Después habló con mi madre y conmigo juntas.

Él se dirigía sólo a ella. Hablaba y hablaba de mi caso, hasta que yo ya no era una persona, sólo un caso. Me empecé a sentir como un inadecuado bulto de patologías sentado en un sillón, mientras ellos discutían al respecto. Cada vez que el psiquiatra extendía su brazo para apuntar y decir "eso sucede porque A, B, y C razones, y eso se da por X y Y motivo..." más y más nerviosa me ponía; yo era el "eso" al que él se refería.

Afortunadamente, no me vi obligada a hacerlo mi terapeuta.

Esta historia te puede ayudar a normar tu criterio acerca de lo que no te hace sentir cómoda. Si fuiste a ver a un terapeuta, ya sea sola o con tus padres, y no sabes por qué, pero como que no te late, no ignores tu corazonada. Pregúntate si encontraste alguno de estos puntos:

1. Hablaba de ti como si tú no estuvieras presente en el cuarto.

2. Te dio la impresión de que no tiene dominio sobre el tema.

3. No te verías contándole ninguna de tus confidencias.

Los puntos más importantes a considerar en la elección de tu terapeuta

Hay dos criterios que deben normar tu elección: el tipo de terapia que siga, (escuela psicológica) y el(la) terapeuta en sí.

Como he mencionado en Tendencias terapéuticas, yo no aconsejaría el uso de la escuela freudiana de psicoanálisis tradicional, pero sí te recomendaría ampliamente:

- Logoterapia

- Programación Neurolingüística

- Psicología jungiana

- Psicología humanista/existencialista/gestaltista

En cuanto a la elección del terapeuta...

Lo primero que el(la) terapeuta te debe inspirar es una confianza y seguridad absoluta... Debe ser alguien en cuya presencia tú te sientas relajado, aceptado, alguien que despierte en ti una tendencia natural a la apertura. Es una especie de química. Tiene que haber un "clic"; de lo contrario, será muy difícil que puedas soltarte con él(ella) completamente. Es fácil percatarse de esto rápidamente. Seguramente alguna vez te ha pasado que alguien te cayó bien, y ni siquiera hablaste con él. No sabes explicar por qué, pero sabes que te simpatizó. Habrá una sensación de comodidad o incluso cierta callada familiaridad en el aire. Esto no lo sabrás de forma racional; acuérdate: la mente, como es inferior, necesita tiempo para armar su caso; la intuición y el instinto lo saben desde antes o de inmediato.

Lo sentirás rápidamente a nivel intuitivo e instintivo. Te sentirás bien en su presencia. Querrás hablar con esa persona. Este es el punto donde debes poner atención: ¿cómo me siento en su presencia?

Esa persona es, al igual que tú, un ser humano. No le hagas lo que te has venido haciendo a ti, idealizándolo y poniéndole las mismas expectativas irreales que te pusiste a ti. Éste será, precisamente, un punto muy importante en su trabajo juntos.

Tu terapeuta te proveerá de un espacio para contenerte —a ti, tus pensamientos, tus sentimientos, todo aquello intangible en ti que duele— como un vaso vacío, sin juicio. Tú serás el agua. Ese espacio es seguro, privado, sabes que lo que ahí deposites es sagrado, donde será guardado para que tú lo retomes en tu siguiente visita. Juntos trabajarán para que el agua que ahí deposites a la larga esté completamente limpia y transparente, y saldrás de ahí sabiendo que mientras tu labor de equipo en ese momento termina, tu función como co-terapeuta continua.

La unión que llegues a formar con tu terapeuta es muy importante, pues tendrán que caminar por capítulos inconclusos, dolores no sanados y se enfrentarán a esos sentimientos de los que tanto has venido huyendo. Con él(ella) tendrás que hablar de todo aquello que ya ni siquiera te atreves a contarte a ti misma, si es que en verdad quieres acabar con esto y empezar a caminar por un nuevo sendero en tu vida. Es una elección importante.

El simple hecho de asistir a terapia no te curará, de igual manera que asistir a clases no necesariamente quiere decir que aprendas. No es la hora de terapia lo que determinará tu progreso; es lo que tú hagas entre una sesión y otra lo que hará toda la diferencia. No se trata sólo de asistir, se trata de participar realmente, involucrándote en el trabajo. Abrirte a todo lo que te has negado a aceptar será en ocasiones doloroso, pero no tan difícil como tratar de huir de ello por el resto de tu vida.

Tu terapia deberá darte las armas y las fuerzas para, paso a paso, convertirte en tu propio terapeuta, función que espero te dure toda la vida.

La verdadera psicoterapia es un acto de valor. Dar estos pasos puede ser lo más importante que hagas en tu vida. Al paso del tiempo lo verás muy claramente. Te doy mi palabra.

TERCERA PARTE:
TRABAJANDO CON EL CUERPO

Balance fisiológico

Si estás en fase I de recuperación, te aconsejo que elimines el azúcar refinada de tu vida por un tiempo. La cantidad de químicos y jugos gástricos que se sueltan ante la presencia del azúcar confunden no sólo al cuerpo, sino a la mente también. Tú lo que quieres evitar, más si estás empezando a salir, es precisamente esa descarga. Observa el papel de los dulces en tus fases de atracón. Muy probablemente, lo que necesites salir a comer sea algo dulce para empezar...

Si padeces bulimia como enfermedad o síntoma de apoyo, probablemente tienes una deficiencia en la producción de serotonina, debido a insuficiencia de triptófano; por lo tanto, el azúcar juega un papel muy sigiloso en tu vida. Por un lado, efectivamente, te anestesia, pero por otro te obliga a no parar de comer.

Te aconsejo también que evites o reduzcas drásticamente los carbohidratos simples, dado que éstos se traducen en glucosa en cuanto la digestión inicia. Por ejemplo, el arroz blanco es un carbohidrato simple, pero si lo usas en baja cantidad con un fuerte contrastante de proteína, el balance es perfecto. El sushi es un excelente ejemplo de ese tipo de balance entre la proporciones de los diferentes grupos de alimentos.

El triptófano y el papel de la serotonina

El triptófano es la sustancia química precursora de la serotonina. La serotonina es el principal neurotransmisor involucrado en la memoria humana, y además juega un papel básico en las funciones básicas del cuerpo. Aumentando los niveles de serotonina, aumenta la memoria.

Antes de y durante los episodios bulímicos, la serotonina desciende considerablemente en el sistema nervioso. Por ello es vital que comprendas el papel tan importante que desempeña no sólo en tu recuperación, sino en tu vida.

La serotonina es también una sustancia sedante y antidepresiva, que surge en el cerebro cuando cae la noche; induce nuestros sueños y permanece elevada hasta que amanece, cuando comienza a descender de nuevo. Otro papel importante es ser el reloj interno de nuestro cuerpo, lo que a su vez determina nuestros ciclos de sueño y vigilia.

¿Qué puede afectar los niveles de serotonina en el cuerpo?

Los niveles de azúcar en la sangre, algunas comidas y, en las mujeres, cambios en los niveles de estrógeno. Para aumentar los niveles de serotonina, el ejercicio físico es muy útil (caminar, bailar, nadar, correr bicicleta), la vida al aire libre y las buenas relaciones de amistad. Alimentos ricos en triptófano: las anchoas saladas, los quesos suizos y parmesanos, los huevos, las nueces y las almendras. Evita el maíz porque puede provocar deficiencia de triptófano.

Trabajo alternativo

Chakras...

...Tus ruedas y centros de energía.

Tienes siete chakras principales en el cuerpo, de cuyo balance depende tu armonía. Dado que tienes problemas de desórdenes alimenticios:

Tu chakra 1 (rojo) y tu chakra 2 (naranja) están fuera de sincronización. Aquí encontrarás sugerencias para alinear esos dos chakras.

En lo personal, este tipo de trabajo me parece una bocanada de aire fresco. Balancea muy bien tu trabajo de terapia psíquica, además de que puede convertirse en un pasatiempo enriquecedor.

Invita a tu cuerpo a una nueva forma de coexistir contigo... más suelta, libre, en armonía con el orden natural de la vida...

La misión...

A través de siete ruedas de energía el universo se comunica contigo... Su armonía es tu comunicación con él...

La función principal es absorber la energía universal, metabolizarla y alimentar el cuerpo, para finalmente irradiar esa energía hacia el exterior y continuar el ciclo armónico. Existen siete chakras básicos que se distribuyen desde la parte baja de la columna vertebral (donde se encuentra el kundalini: energía enroscada en forma de serpiente que se debe despertar) hasta la parte más alta de la cabeza. Cuando se abre el chakra más alto, aparece el halo, tu conexión con el infinito y el propósito último del kundalini yoga. Por ahora, trabajaremos en los dos primeros chakras que tienen impacto directo en los desórdenes alimenticios.

Lecciones del chakra MULADHARA

Posición: Base de la columna vertebral
Color: Rojo
Elemento: Tierra
Sentido: Tacto
Gemas: Amatista, aguamarina, coral, diamante, agata fuego, jade y rubí
Órganos físicos asociados: Glándulas suprarrenales, columna vertebral, riñones, vejiga y parte final del intestino (recto).
Nota musical: Do
Mantra: Lam

El derecho de existir...

Conectado al mundo material, relacionado con lo que une al planeta, a todo lo terrenal... El punto de partida para el ser humano.

Tu chakra raíz te enseña a pararte por ti misma, fuerte, centrada, firme... en orden con el ritmo natural del planeta. Muladhara es el centro del planeta, el centro de tus energías psíquicas y pulsionales... Te enseña el camino más relajado, el que sigue la armonía del Cosmos.

Si está abierto te dota del deseo de vivir con gran vitalidad y entusiasmo; te da motivación y fuerza motora para emprender metas. Aquí está tu poder y pasión manifestados de forma positiva...

Si hay bloqueo o desbalances...

Tendrás la sensación de "que no estás realmente aquí", abatimiento físico y moral. Si se sigue así por un periodo prolongado, perderás las ganas de vivir: en lo físico causa anemia, fatiga, obesidad, reumatismo, artritis, dolor de lumbares, constipación, hemorroides, infecciones urinarias, aborto natural, alcoholismo, anemia, ciática, cólicos renales, diarrea, esterilidad e impotencia.

Lecciones de los órganos a los que rige

Espina: tu **chi**, tu energía vital. Te enseña a observar cuestiones de apoyo y sobrevivencia.

Cadera: cómo te mueves por la vida y tu habilidad de progresar. Te enseña asuntos de tolerancia y flexibilidad.

Órganos reproductores: te instruye acerca de tus temores sobre asuntos de intimidad y sexualidad.

Recto: tu habilidad de deshacerte de pensamientos negativos y de modificar patrones mentales. Te instruye acerca del sentimiento de culpa.

Ano: te enseña cómo te aferras a tus ideas y pensamientos.

Nalgas: te habla acerca de asuntos de poder, su adquisición y su pérdida. Te habla de todo lo que tratas de controlar en tu vida.

Rodillas y piernas: te enseña acerca de la flexibilidad frente a los cambios de la vida y tu capacidad de adaptarte a ellos.

Pies: tu habilidad de estar parada en la tierra, cómo caminas por la vida.

Sugerencias

a. *Alimentación:* proteína (nueces, pescado, queso panela) betabel, jitomates, rábanos, espinaca, pimiento rojo, fresas, cerezas, sandía.

b. *Hierbas y vitaminas*: ginseng, hierro, canela.

c. *Yoga y respiración:* siéntate en el suelo, con una pierna extendida y la otra flexionada de modo que el talón toque la pelvis. Conduce con cuidado tu torso hacia adelante tomándote de la pierna extendida. Permanece así uno o dos minutos. Después cambia de pierna y repite la rutina de manera idéntica. Una opción alterna es sentarse en el suelo con ambas piernas dobladas hasta juntar las plantas de los pies. Dobla tu torso hacia ellas y agarra los pies con las dos manos. Respira tranquilamente y aguanta hasta donde puedas, el tiempo que puedas.

d. *Música y baile*: cualquier música con la nota do, tambores, percusiones.

Si disfrutas la música y el baile, ésta puede ser una herramienta muy poderosa. Dado el primer chakra es tu conexión con la tierra, queremos sonidos que te asienten. El tambor es excelente. Imagina que eres una lámpara y tienes un cordón que te conecta, que te "enchufa". Tu chakra raíz es eso, tu enchufe... Si no te enchufas a la corriente, nunca se te prenderá la luz.

Al escuchar la música de tambores...

Intenta el siguiente ejercicio. Parada imagina que de cada planta de tu pie sale una gran cuerda que llega hasta el centro de la tierra. Este centro es rojo. Sigue la música con los pies e imagina que cada vez que tocas el suelo, llegas a ese centro y te conectas, te enchufas, te cargas. Sientes el poder de la tierra bajo tus pies.

e. *Ejercicio reiki:* coloca las manos en el corazón con los dedos juntos, mientras se cargan de energía. Tras unos minutos, o cuando sientas que ya están cargadas, dirige las palmas de forma vertical como si las orientaras a la pared que tienes en frente. Después de unos segundos, sitúa tus manos en la parte de tu cuerpo donde se sitúa el primer chakra, que coincide con nuestros órganos genitales. Quédate así hasta que sientas que debes retirar las manos. Practícalo como máximo una vez al día. Recuerda que cuando hayas terminado de utilizar el Reiki debes frotarte las manos para dejarlo ir. Te sugiero frotar las manos sobre humo de incienso.

f. *Mantras:* En la posición de loto o similar, respira tres veces profundamente. Al estar completamente relajada, emite el sonido "laaaaaaammmmmm" con un "do" de la escala musical. Si sientes que no puedes lograr un do, realízalo en el tono que surja de tu cuerpo.

g. *Piedras, gemas y aromaterapia*: Preparación previa: carga tus manos con incienso de sándalo. Acuéstate boca arriba. Coloca un círculo de cartulina roja en el sitio donde se ubica tu primer chakra (base de tu columna vertebral). Coloca un cuarzo ahumado encima y respira profundamente. Inhala y exhala varias veces. Prender incienso de cedro durante este ejercicio te será de utilidad para reforzar tus sentido de conexión con el planeta

Lecciones del chakra SWADHISTHANA
Posición: Vértebras sacras
Color: Naranja
Elemento: Agua
Sentido: Gusto

Gemas: Citrino, diamante, jade, ópalo, perla, cuarzo claro, turmalina verde
Nota Musical: Re
Mantra: Vam

El derecho de sentir...

Conectado a nuestras habilidades sensoriales y extrasensoriales...

Trata de todos los asuntos concernientes al balance de las emociones. Aplica al principio de polaridad.

Dar y recibir a partir de las emociones, el fluir con ellas: Ligado a la habilidad sociable y el manejo de asuntos de intimidad, se relaciona con la libertad y el movimiento, la búsqueda del placer material a nivel creativo como en el arte y la emotividad. Tus poderes psíquicos e intuitivos se manifiestan en este chakra, en tu entraña sientes el peligro, la buena o mala espina con respecto a una situación o persona. La intuición y Swadhisthana son excelentes amigas; cuando sintonices este chakra, te sorprenderás de lo poderosa que eres.

El bloqueo y desbalance de este chakra causa: Desórdenes alimenticios, uso y abuso de sustancias adictivas, depresión, dolor de lumbares, cambios de humor repentino, asma y alergias, cándida, infecciones vaginales y urinarias, cólicos renales, diarrea, dolores lumbares, esterilidad, frigidez, gota, hernias, impotencia, obesidad, calambres, quemaduras, quistes ováricos, retención de líquidos, tiroides, nausea y vómito.

Lecciones de los órganos a los que rige

Gónadas: Sufrimiento por sobrecarga, sentirse víctima, agresión a uno mismo, miedo, ansiedad y estrés al grado de no poder cuidar correctamente de ti mismo.

Problemas en el bazo: aquí se asienta la cruz de todas las emociones y pasiones. Viene a enseñarnos cómo manejar la cólera, enojo, tristeza, amargura, resentimiento, inseguridad, preocupación e impaciencia.

Uretra: donde residen la ira y la cólera reprimidas. Este órgano está ligado con el manejo de la culpa, el chantaje, cómo fluyes en el manejo de estas emociones.

Riñones: conectados a la crítica. Cómo procesas tus juicios; donde la decepción, el sentido del fracaso y la vergüenza se ensañan. Son los dos puntos que sostienen problemas y ansiedades.

Sistema reproductivo: tu derecho a sentir, a crear, a dar y recibir placer, a abrirte, a entregarte. El hogar de tu deseo, y en donde residen tus juicios, tus críticas acerca de ti y todos los demás.

Tratamiento

El objetivo es reconectarte a tu sentir... Sugerencias

a. *Nutrición*: suficiente agua (2.5 lt. al día), calabazón, zanahorias, pimiento naranja, mandarinas, naranjas, nectarinas, melón, mango.

b. *Vitaminas*: A, E y C.

c. *Yoga y respiración*: La posición llamada gato ayudará a reanudar la circulación de energía En posición de pie o a cuatro patas, toma aire profundamente a la vez que encorvas la espina dorsal. Después exhala lentamente levantando el torso y la cabeza hasta estirarte.

d. *Música y baile*: los sonidos del agua en cualquiera de sus formas, ríos, cataratas, chapoteo. Si deseas moverte, los movimientos pélvicos que imitan las ondas del agua serían fantásticos.

e. *Piedras, gemas y aromaterapia:* carnelia, coral y cobre.

f. *Reiki*: tiempo: 5-10 minutos de ejecución, 10 minutos de relajación previa para soltar la mente. Lugar: tu habitación. Prende incienso de sándalo y carga tus manos con él durante el tiempo que gustes. Coloca una hoja de color naranja vibrante en tu frente y otra en tu vientre; puedes colocar también un coral sobre tu vientre. Respira; inhala y siente la frecuencia que este color emite sobre tus órganos genitales; en cada inhalación tu tercer ojo absorbe el color; en cada exhalación, envía esta energía justo a tu vientre, y lo llena de luz. Armonízate con la frecuencia naranja, siente tu ser vibrar en luz y salud. Cada inhalación te nutre de energía, cada exhalación conduce esta energía. Vibras la salud. Inhala la frecuencia y exhala profundamente el mantra: "sssvvvaaaaaammmmm"

Armando tu paquete de recuperación

Música

Te invito a que expandas tu gusto y apreciación por la música... a que te sumerjas en ella, a que te abras a su magia... Hay sonidos que, aunque tú no quieras, elevan tu frecuencia en la conciencia. Las células vibran; incluso a tu pesar. Esa es la belleza de trabajar con ella, te instruye armónicamente, aunque tú no te des cuenta...

Es la matemática fundida en el acorde melodioso que existe entre un silencio y otro.

Al hablar de música me refiero a los grandes maestros de la humanidad, no a lo que por lo general se escucha y tararea sin discernir siquiera lo que cantamos. Tratemos de desintoxicar los sentidos. Apaga el radio, o escucha con detenimiento lo que oyes y repites; observa el efecto sobre tu estado mental, los mensajes que te hacen brincar de un estado de ánimo a otro.

Aprende a discernir lo que escuchas. Cuando lo hagas dirás: ¿cuánto tiempo hace que no oigo?

Para enriquecer tu ser, sanar, armonizar tus conductas y amenizar tu proceso de recuperación, te recomiendo las siguientes piezas para procesos específicos:

Para tu bienestar general

The light of the Spirit de Kitaro. Entrena a tu oído para escuchar el CD de principio a fin. Verás que en verdad *es* la luz del espíritu.

Seven waves de Suzanne Ciani. Te relajará y ayudará armónicamente a limpiar tus puntos de energía. Al igual que con el CD anterior, deja que los sonidos guíen a tu mente inconsciente de principio a fin. La ingeniería de ambos discos compactos despierta la mente mediante un proceso muy poderoso.

Sinfonía Número 9 "Coral" de Beethoven, en particular la *Overtura "Egmont", Opus 84*.

Fresh Aire 7, Manheim Steam Roller, tracks 6 a 12 ("The seven chakras")

Proceso mental de aceptación (duelo, necesidad de soltar en paz algún asunto que te concierne:

En Pace de Sarah Brightman (mismo CD de "Time to say Good bye"). La pieza está en latín, pero te lleva por un proceso armónico con el cual soltarás lo que te estorba.

Cualquier música clásica barroca, pero evita los adagios. Los instrumentos de cuerda estimulan el chakra del corazón; por ello, Vivaldi es muy recomendable (desde *Las Cuatros Estaciones* hasta conciertos para mandolina).

Meditación

La película del siglo XXI se mueve a velocidad vertiginosa. Es un reto no engancharte a la neurosis y pesimismo colectivo, más si vives en una gran urbe, que en ocasiones se asemeja a un zoológico humano. Es por ello que te aconsejo comiences con este liberador arte.

La meditación te ayudará a comprender que la mente es el punto uno, pero la conciencia es el punto cero. Te ayudará a salirte de tu mente para que la veas y la observes; pero el beneficio inmediato es la paz que existe en el silencio interior. Tu espacio de meditación puede ser tu mejor y más grande refugio, al cual podrás recurrir en cualquier situación y en cualquier momento. Puede ser vital para ayudarte a frenar episodios bulímicos o cualquier otra conducta compulsiva. Te ayudará a transformar esos episodios en momentos de reflexión.

Te enseñara cómo guiar la mente por medio de tu conciencia y, crémelo, no sólo tu salud, tu vida en general se verá altamente beneficiada.

La meditación ha jugado un papel determinante en mi vida afuera del laberinto.

Hace más de una década, tuve mi primera lección de budismo zen.

Fue muy breve:

Una mente rápida es una mente enferma
Una mente lenta es una mente fina
pero una no-mente es una mente Divina.
Ahí la llevo...

Yoga

Yoga es meditación corporalizada. Te dará paz mental y ayudará a movilizar tus centros vitales de energía (chakras). Es genial para el tono muscular y aumentar tu flexibilidad. Mejorará tu postura y te enseñará a respirar, logrando una armonía entre tu cuerpo y tu mente.

Lectura

En la bibliografía encontrarás una lista de libros con los que he trabajado durante los últimos 17 años. Quizá en primera instancia sólo sean para ti una serie de nombres y títulos, pero mi esperanza es que se conviertan en tus amigos como lo han sido míos. La riqueza que hay plasmada en las obras mencionadas puede inspirar y transformar tu vida.

Para la recuperación básica, en definitiva te aconsejo que leas: *Más allá del principio de autodestrucción*. Es una fenomenal síntesis, de Freud a Capra, de todos los factores que le impiden al ser humano llegar a su realización. Un sinfín de sabiduría en tan sólo 61 cuartillas. Los demás títulos sugeridos los encontrarás dentro de la bibliografía.

Reflexiones para la vida diaria

Cómo sobrevivo ante...

La burla familiar, la falta de aceptación de mis padres, las bromas crueles de mis hermanos... Éste es un reto interesante a vencer. Comprende. Nadie te puede dar lo que tampoco tuvo. El perfeccionismo de tus padres tiene sus raíces en sus propias heridas, que ellos recibieron de sus mismos padres. Sus comentarios hacia ti o sus esfuerzos por convertirte en algo que no eres es sólo su inhabilidad para manejar sus propios problemas, y de la falta de seguridad en ellos mismos. Es muy duro no tomarte esto de forma personal... son tus padres... los que te deben aceptar y amar incondicionalmente; los que te deberían proteger del daño, no ser parte de él. La única salida es reconocer que el dolor que te causan fue el dolor que les causaron a ellos. Encuentra el perdón. Tú puedes detener la cadena, despertar, darte a ti misma toda esa aceptación, comprensión y aprobación que no recibiste, superarte y no hacerle lo mismo a tus hijos.

¿Qué me debo decir cuando me comparo con todas las modelos y actrices que veo en la pantalla de tele o

cine? Piensa que ellas quizá estén en medio de un laberinto... que quizá no sean tan felices... que quizá se sienten igual de inseguras que tú... que ellas también se comparan con otras y se sienten igual de desdichadas y vacías, igual de cansadas de seguir llenando estándares que no saben ni cómo sostener, que nada es suficiente; que quizá esa a la que tanto admiras se cuestiona por qué no tiene el valor de abandonar su "exitosa carrera" y proteger su salud mental. Probablemente, la única diferencia entre tú y ella es que sus películas de la vida real tienen diferentes actores.

¿Cómo sobrevivo a las bromas por no ser la bonita y delgada de la clase? Piensa que la crítica viene desde aquel que se critica a él mismo. Tú no tienes idea del odio y autorrechazo que habita en este tipo de personas... sus comentarios son sólo el reflejo de los juicios que aplican a su propia persona... En el fondo, algo ha de envidiar en ti, y lo manifiesta atacándote. Ahora sí que "perdónalos, no saben lo que hacen". Enfoca tu energía en encontrar y descubrir la virtud que esa persona ve en ti y envidia, y por la que te ataca. La crítica y el ataque son en ocasiones la forma más distorsionada de alabanza.

¿Cómo sobrevivo a la idea general de que si no soy de tal o cual manera no merezco aprecio y respeto? Todo lo que los medios manejan en este sentido son ilusiones... están jugando con tus deseos, tus fantasías, tus anhelos... Eres especial simplemente por ser. Descubre qué y quién eres. Cuando despiertes a esta aparentemente básica noción, analizarás todo lo que sucede alrededor del sistema, cómo se sostiene, las ilusiones que perpetúa. Cuestiona y vuelve a cuestionar lo que los medios te están diciendo. Un ser consciente no es buena cliente de ninguna industria. Piensa en ello. El medio sirve a sus intereses, eso es todo.

¿Cómo sobrevivir a la doble moral de la sociedad? la burla del hermano, la broma cruel de la tía rica, la callada desaprobación de los padres, la ofensa sarcástica del "amigo"... Pòr más que tratas de mantenerte firme, todo y todos a tu alrededor parecen ponerte trabas. Así es la sociedad... así la hemos hecho...

Tu libertad es darte cuenta. Detenerte y ver tu entorno como un reto; como factores que sólo predisponen, mas no determinan. Te juro, forjarás tablas de seguridad en ti misma que no dejarán de sorprenderte. Precisamente, la defensa contra ese bombardeo hará de ti misma tu aliada más fuerte. Ese reto externo hará que tu integración contigo misma sea mucho más sólida. Entrégate a la visión de un poder superior, sea cual sea tu noción del Ser divino, verás con los ojos de la luz... Dejarás de compararte con otro que no seas tu misma, tu felicidad, tu bienestar, por encima de cualquier mensaje que flote en el ambiente.

Para prender la conciencia es indispensable apagar el televisor. O bien, si crees necesitarlo como un distractor, por lo menos escoge selectivamente con qué quieres adormecerte. Discierne los mensajes. Aprende a escoger. No te duermas en el sueño hipnótico colectivo.

Vivimos plagados de mensajes explícitos e implícitos, en donde nos imponen la idea de una belleza artificial. Nos dormimos, y nos compramos el boleto de que la felicidad tiene ese look y esa talla. Luego vamos, y con esos ojos nos juzgamos... viene la frustración y el enojo... nos la cobramos y se la cobramos a todo cuanto nos rodea... nos lamentamos por ser simplemente seres humanos y, al hacerlo, ni a eso llegamos, perpetuando el dominio del impulso producto de nuestro instinto reprimido y conciencia adormecida.

Vivimos en una sociedad con una doble moral, en donde lo superfluo juega un papel medular, y aunque digamos que lo que cuenta es la belleza interior, la realidad –la cruda realidad– nos demuestra todo lo contrario. Admitamos que nos medimos unos a otros todo el tiempo con base en apariencias, desde físicas y financieras hasta académicas y sociales... la perpetuación del ego. Todo en nuestro entorno dicta que despertemos. Nos estamos haciendo pedazos. Los desastres naturales se vuelven algo prácticamente cotidiano, y son tan sólo el reflejo del nivel de conciencia del ser humano. Es hora de despertar.

Todos lo estamos haciendo. Todos seguimos perpetuando el delirio del perfeccionismo... Cada vez que compramos una revista para seguirnos adoctrinando acerca de lo que no somos, cada vez que hacemos una broma cruel ante lo que no es "perfecto", cada vez que le sugerimos a alguien cómo ser más atractiva según estándares irreales. Cada vez que nos vemos al espejo con ojos de desaprobación, añadiendo una gota a la ola enferma del inconsciente colectivo...

Es muy claro y muy fácil: o eres parte de la solución o eres parte del problema.

Apagar el televisor hará milagros, más de los que tú crees.

Despierta tu capacidad creadora... Encuentra tu voz, tu vocación, sigue tu llamado, vive tu vida rigiéndote por tu conciencia y tus normas individuales.

Atrévete a caminar por el camino menos transitado.

En un día no lejano, todos veremos la luz, y despertaremos a la verdad, profundidad y trascendencia de las palabras mágicas de El Principito:

Sólo con el corazón se ve claramente, lo esencial es invisible para los ojos.

Pasos específicos sugeridos

1. *Aceptación y comprensión del problema.* Después de haber leído este libro, tienes ya una noción de la enfermedad con la que te identificaste y adoptaste como tuya. Ya sabes a lo que te estás enfrentando. Sabes que necesitas un(a) guía, un apoyo psicológico para ayudarte a trazar tu camino de regreso a la salud.

2. *Tratamiento psicológico.* Tienes diversas opciones de tratamiento:

Neurolingüística, Psicoterapia Gestaltista, humanista o cualquier corriente neo freudiana. En lo personal recomiendo la Neurolingüística para desarrollar un pensamiento congruente que te ayude a trazar nuevos mapas mentales. Esta herramienta te ayudará a hacer del lenguaje y de su uso consciente una sólida arma, no sólo para tu recuperación, sino para tu vida entera. Esta te dará resultados concretos y específicos. Si acompañas esta terapia con una de tipo humanista que te ayude a trabajar tus sentimientos, darás pasos sólidos hacia la salida bastante rápido.

Es importante que llegues con el terapeuta ya con conocimiento de tu problema. Recuerda que la clave de la terapia es el trabajo conjunto. Si inicias una terapia con un plan de acción propio, saldrás de esto más rápido de lo que crees.

3. *Balance fisiológico y nutricional.* Busca el apoyo de un nutriólogo, con el que armes una dieta balanceada y alta en triptófano para ayudar a tu organismo a segregar serotonina de forma natural.

4. *Balance corporal.* Es importante que trabajes con tu cuerpo, y que veas el ejercicio físico bajo otro enfoque. El ejercicio es el placer del cuerpo, no el medio por el cual abusas de él. Te recomiendo formas naturales de ejercicio, como el baile, la caminata, la natación o el yoga. En los primeros pasos de mi salida, me armé una rutina de recuperación. Inicié "la caminata de la gratitud" que consistía en caminar diario durante 15 a 20 minutos, mientras iba agradeciendo algo en cada paso: el buen descanso de la noche anterior, lo rico del café que me compraría después, estar viva y completa pese a los años de severo abuso... Este aparente teutónico ejercicio me trajo transformaciones mágicas. El ejercicio físico ayuda tremendamente a incrementar tus niveles de serotonina. Encuentra algo que de corazón disfrutes, y arma tu propia caminata de agradecimiento y sendero hacia tu salud.

5. *Reafírmate frente a los medios.* Apaga la tele. Es así de fácil. Verás que te empezarás a caer mejor a ti misma casi de inmediato. O, si no puedes, por lo menos sí es vital que consideres con qué quieres adormecerte. Aprende a elegir. Aprende a discernir. Aprende a cuestionar los intereses que mueven a los mensajes que recibes... ¡No te duermas! ¡Aprende a crear!

...las criaturas de este planeta van a un lugar llamado escuela donde aprenden bien a vomitar hasta que rompen tuberías de metal...

Las autoridades sólo dicen: "ya ni hablar"...

...y en un consultorio de lujo...

Ahora sí..., de chiquita a mamacita... aunque los dolores de espalda que te darán los melones son el precio que no te mencioné de los silicones

Bibliografía

Adler, A., *El sentido de la vida*. México: Ed. Latino Americana, 1968.

Assagioli, R., *Phycosynthesis*. Nueva York: Viking Press, 1977.

Bucke, R.M., *De la conciencia individual a la conciencia cósmica*. Ed. White, J., 1972

Bruch, H., *The Golden Cage: The enigma of Anorexia Nervosa*. Cambridge, Massachusetts: Harvard University Press, 1978

———, *Eating Disorders*. Nueva York: Basic Books, 1983.

Capra, F., *The Tao Of Physics*. Bantam Books: Nueva York, 1984

Castaneda, C., *Las enseñanzas de Don Juan*. México: Fondo de Cultura Económica, 1972.

———, *Viaje a Ixtlán*. México: Fondo de Cultura Económica, 1977.

Cauwels, J.M., *Bulimia: The Binge-Purge Compulsion*. Nueva York. Double Day & Company, 1983.

Cherning, K., *Reflections on the Tyranny of Slenderness*. Nueva York: Harper & Row, 1981.

Dyer, W., *Manifest your Destiny*. Nueva York, Harper Collins Publishers, 1998.

Dethlefsen, T.-Ruediger, D. Krankheit als Weg, *La enfermedad como camino*. Barcelona: Debolsillo, 2004.

Erikson, E., *Insight & Responsibility*. Nueva York: W.W. Norton, 1964.

Frankl, V., *Psicoanálisis y existencialismo*. México: Fondo de Cultura Económica, 1978.

_____, *El Hombre en busca del Sentido*. Barcelona, Herder, 1977

_____, *The Unheard Cry for Meaning, Psychotherapy & Humanism*, Pocket Books: Nueva York, 1984.

Freud, S., *El yo y el ello*. Obras Completas, tomo III. Madrid: Biblioteca Nueva, 3a Edición, 1973.

Fromm, E., *Escape from Freedom*. Nueva York. Avon Books, 1969

Gurdjieff, I: *El Mensajero del bien venidero. Primer llamamiento a la humanidad contemporánea*. Barcelona: Humanitas, 2000.

Gurdjieff, I, Ouzbenski: *Las enseñanzas y El Cuarto Camino*

Hall, M.P. (1977), *The Secret Teachings of all Ages*. Los Angeles Philosophical Reasearch Society, 1977.

Jung, C.G., *Synchronicity: An Acausal Connecting Principle*. Vol. 8 Collected Works. Jung Extracts, S. Nueva York: 1984.

_____, *The Archetypes and the Collective Unconscious*. Nueva York, 1984.

Kübler-Ross, E., *On Death and Dying*. Nueva York. McMillan Pub, Co. Inc., 1969.

López Madrid, Josep María, Neus Sallés Tenas. *Prevención de la anorexia y la bulimia: educación en valores para la prevención de los trastornos del comportamiento alimentario*. Valencia: Nau Llibres, 2005.

Neuman-Halvorson P., *Anorexia Nervosa and Bulimia, A Handbook for Counselors and Therapists*, Nueva York, Van Nostrand Reinhold, 1983.

Osho, *Intuition: Knowing beyond Logic*. Osho International Foundation. Zurich, Switzerland, 2001.

Peck, S., *La Nueva Psicologia del Amor*. Buenos Aires: Emecé Editores, 1986.

_____, *People of the Lie*. Nueva York: Touchstone, Simon & Schuster, 1993.

_____, *A World Waiting to be Born*. Nueva York: Bantam Books. 1997

_____, *The Road less Traveled and Beyond*. Nueva York: Touchstone, Simon & Schuster.

Perls, F.S, *Gestalt Therapy Verbatim*, Nueva York: Bantam Books, 1976.

Price, J.R., *Nothing is too Good to be True*. Carlsbad, California: Hay House, 2003.

Rogers, C.R. & Stevens, B. *Person to Person: The Problem of Being Human*. Nueva York: Real People Press, 1967.

Ruiz, M. (2002), *Los cuatro acuerdos*.

Sacker, I. (1987) *Dying to be Thin*. Nueva York: Warner Books, 1987.

Saint-Exupery, de, A., *El principito*. Barcelona, Muchnik, El Aleph Editores, 2006.

Tiller, W., *Actos conscientes de creación*.

Villanueva-Reinbeck, M., *Más allá del principio de autodestrucción*. México, Manual Moderno, 1988.

Walker, A.W., *The New Thought: History & Principles*, Holyoke, MA: The Elizabeth Town Co., 1915.

Glosario

Concepto	Definición
acuerdo	Ruiz: decisión interna entre los diversos aspectos de la personalidad
chakra	Del sánscrito, rueda, circulo, centro de energía
compartimentalizar	S. Peck: automutilación, disociación y ruptura con los aspectos de la personalidad no deseados. Villanueva: la destrucción del Ser ocurrida por la aferrada búsqueda de conservar lo bueno y destruir lo malo y la negación del principio de la dicotomía

gestalt	Frederick S. Perls: como se perciben en la mente los objetos conocidos en la vida diaria; gestalt quiere decir completada, si un capitulo o momento clave no ha finalizado su proceso hasta cerrarse, los asuntos inconclusos atraerán elementos similares en el afán de completar la gestalt
logoterapia	Terapia a través de sentido (V. Frankl, fundador) También conocida como Tercera Escuela Vienesa de Psicoanálisis
loop mental	Fallo mental de tipo organizativo en el cual la mente queda atorada reproduciendo el evento que llevo al fallo
neuropeptido	Pequeña cadena de secuencias aminoácidas
neurosis	Jung: Cualquier conducta adoptada para evitar un sufrimiento legitimo y necesario para la evolución psíquica
serendipidad	Apertura a la gracia sin esperarla

sincronicidad	Jung: El principio interconector de la causalidad universal, manifestado a menudo como un suceso aislado o conjunto de eventos no casuales con significado subjetivo profundo
serotonina	neurotransmisor central que juega papel vital en el humor, ansiedad, sueño, dolor, conducta alimentaria, sexual y un control hormonal hipotalámico.
Sombra	C.G. Jung: el hogar de todos los aspectos de la personalidad desterrados del yo consciente; donde residen todos los aspecto de la personalidad catalogados como menos que deseados. (Freud: 'yo repudiable') el lugar de los impulsos reprimidos, en disociación del yo consciente.
Yo consciente	Freud: (id) la parte de ti que muestras al exterior; Rogers: el yo que tú crees que eres con el cual te permites funcionar ante ti mismo y los demás

Yo inconsciente	Osho: El que lleva el mando y se ríe de las decisiones de tu yo consciente
Yo idealizado	Freud: Tu súper ego, la versión del yo engrandecido con el cual el yo consciente se identifica. Erikson: la versión de sí mismo creada como mecanismo de defensa y adaptación

Un llamado
a tu conciencia

Ana Carolina Restón (1985-2006)

La brasileña tuvo una carrera fenomenal cuyo desenlace fue un paro renal. Realizó gran parte de su carrera en México, y perdió la vida porque creyó aquello que el mundo actual impone como "éxito". A base de un par de manzanas diarias y constante vómito sostuvo una carrera de pasarela mundial..., hasta que su cuerpo le dijo "ya me cansé, llegó tu hora de descansar en paz".

Hasta poco antes de su muerte, aún era aplaudida fuertemente: esta es la doble moral a lo que llamamos "sociedad actual".

Esto es lo que todos apoyamos cada vez que compramos una revista en la que la mujer es expuesta como un objeto... Cuando compras una revista en la cual la mujer es expuesta como el conjunto de sus partes, y estas partes son tamaño ficticio Barbie, estás contribuyendo a extinguir una vida humana; fomentas que miles de niñas sean bombardeadas de mensajes de lo "bonito" que es ser Ana...

Todos contribuimos a este fatídico desenlace. El hecho de que no veas la película inédita de tu participación no te absuelve de tu colaboración.

Hago aquí mención a todos los seres que también perdieron sus vidas, sólo que sin cámaras televisivas... A las bulímicas en el Hospital 20 de Noviembre, con una leucotomía límbica que nadie entiende... buscando una salida a su infierno, accediendo al electroshock moderno...

¡Hago un llamado a tu conciencia!

¿Eres parte de la solución o del problema?

A ti que has leído este libro...

Un gran camino empieza a tus pies...

La vida puede cambiar en un instante...
cada segundo del día es una nueva oportunidad
para volver a empezar...

Tienes todo para lograrlo. En ti está. La recuperación puede ser tan fácil como tú quieras... es cuestión de actitud. Pongamos a tu lado impulsivo a trabajar para ti. Entrégate con ese desenfreno a tu terapia, a tus ejercicios, a tu proceso... Con ese mismo ímpetu, con ese mismo "me aviento con todo" que sé que tienes. ¿Qué prefieres? Que te duela cinco minutos o cuchillito de palo meses y meses... sé que eres impaciente, por eso te digo: ¡Éntrale de lleno, con todo! Pon a tu impaciencia a trabajar para ti... Pon a tu desenfreno a trabajar para ti. Sé que tienes una habilidad nata para "aventarte" casi a ciegas, bueno, ¡ahora es cuando podrás aplicarla! Que salga todo lo que tiene que salir, que se limpie todo lo que se tenga que limpiar, que sane todo aquello que tenga que sanar.

Habrá situaciones duras; pero si "agarras el toro por los cuernos" y te creces al castigo, te juro que verás resultados inmediatos... Cambios en tu vida, transformaciones físicas, relaciones armoniosas. Sabrás que estás donde debes estar, haciendo justo lo que estás haciendo. Te doy mi palabra. La vida puede cambiar en un instante, en el momento mismo en que tú digas con todo: ¡Soy capaz!

El Universo conspirará contigo para que esto suceda.

Encuentra un proyecto que te inspire, una causa de la que te enamores, un sueño que haga vibrar tu ser de alegría.

Haz de la autotrascendencia tu vivencia personal. Da de ti, por algo más allá de ti, para dejar de ti, y habrás despertado a la realización de tu verdadero Ser.

¿Buscas inspiración? Encuéntrala en historias como la de Hellen Keller, que convirtió su ceguera en los ojos de los invidentes con la implantación del sistema de lectura Braille.

Heroísmo es la transformación de una aparente tragedia en un triunfo personal... Escucha historias. Por esta Tierra han pasado y siguen pasando seres que le dan a las palabras *ser humano* todo su valor y gallardía. La vida está llena de heroísmo, más del que tú crees, sólo que no está en la portada de *Cosmopolitan* que te sugiere comprar collares de miles de dólares para tu perro chihuahua.

Piensa un instante, mientras sientas hundirte en tu agonía, que mientras lo haces, miles de niños mueren de hambre, otros de sed, algunos más son vendidos por sus mismos padres a los mercados negros más infrahumanos, como el de la prostitución infantil y el tráfico de órganos vitales... Pon tu desdicha en perspectiva. No pretendo quitarle ninguna valía a tu sufrimiento, al contrario, sólo te sugiero que abras los ojos al mundo real para que veas que tienes muchas cosas con las que millones sobre el planeta tan sólo sueñan, para que de ahí tomes fuerza e inspiración para trasformarte y trascender.

Una vez que sanes tus heridas, y trasciendas tus dolorosos capítulos, en verdad ya no cargues con ellos. Cargamos con ellos cuando queremos justificar algo, seguir siendo víctimas, y continuar obteniendo los beneficios que brinda el contarnos y contar a otros nuestra triste historia... Don Juan se lo enseña a Carlos en pocas palabras: no tener historia personal es tener poder.

Abre los ojos al milagro del continuo redescubrir del mundo. A la magia del ahora... Si te abres continuamente a cambiar tu opinión acerca de ti y de todo lo que te rodea, vives la vida como lo que es: un gran misterio. Estás plenamente en tu momento presente, redescubriéndote, recreándote, llenando cada instante de valioso sentido...

Entrégate con brazos abiertos al misterioso viaje de la experiencia humana... Espero que después de nuestro recorrido sientas en verdad que te habla una amiga, tu aliada. La que te estará diciendo: *ánimo... adelante, ¡tú puedes!*

La salida del laberinto está a tus pies... Mi fe va contigo a cada paso en tu camino.

En el sendero del Ser, verás la mágica interrelación de todas las cosas, y sabrás que todo, absolutamente todo, tiene una correlación divina...

"...un momento de conciencia cósmica en el que se experimenta una iluminación imposible de describir... Sólo se cree y se sabe que el cosmos es una presencia de la Verdad, que el Universo está constituido y ordenado de manera tal que, sin posibilidad de error, todas las cosas trabajan conjuntamente para el bien de todas y cada una de ellas."[40]

Imagina por un instante este despertar de forma colectiva... Es en este despertar que el planeta como tal podrá así mismo trascenderse...

---

[40] Richard M. Burke, *La conciencia cósmica*, 1901.

Acerca de la autora

Andrea Weitzner, nacida en México en 1968, estudió Relaciones Internacionales en la Universidad Iberoamericana, y un diplomado en Cranfield, Inglaterra, títulos puestos en práctica durante los siguientes años de su vida en Suiza. Dando un cambio radical a su carrera, se unió como directora de comunicaciones a Medical Mission International (MMI) –organización nominada al Premio Nóbel de la Paz–, promoviendo la transferencia de recursos y conocimientos entre el primer mundo y el mundo en vías de desarrollo.

En 2006 regresó a México para la realización de una consultoría para la preservación de Costa Careyes, mismo año en el que comenzó a escribir la serie de libros de conscientización en el tema de los desórdenes alimenticios.

Te invitamos a leer, de la autora: *El ABC de los desórdenes alimenticios, anorexia, bulimia, comer compulsivo. Guía práctica para adolescentes.*

Visite la página web de la autora:

www.desordenesalimenticios.com.mx

www.desordenesalimenticios.org